新型职业农民示范培训教材

新农村文化建设

孙惠芳 主编

中国农业出版社

内容简介

本示范培训教材是针对新农村文化建设的需要而编写的。本教材以新农村发展为目标，突出实用性、强调实践性，培养现代有文化、高素质的一代新型职业农民。

本教材分三个单元，系统深入地介绍了新农村文化、体育和文艺建设。教材采用案例分析的形式，选取发生在农民朋友身边真实的典型，以通俗易懂的方式介绍、分析给学生和农民。教材根据“应用性”的要求，遵循普及、教学一体化，采用“单元归类、专题引领”的教学模式，结构简洁，深入浅出，体现了示范培训教育的理念。

新型职业农民示范培训教材

本册编写人员

主　编　孙惠芳

副主编　陈　俊

编　者　孙惠芳　陈　俊
白晓艳　白　森

出版说明

发展现代农业，已成为农业增效、农村发展和农民增收的关键。提高广大农民的整体素质，培养造就新一代有文化、懂技术、会经营的新型职业农民刻不容缓。没有新农民，就没有新农村；没有农民素质的现代化，就没有农业和农村的现代化。因此，编写一套融合现代农业技术和社会主义新农村建设的新型职业农民示范培训教材迫在眉睫，意义重大。

为配合《农业部办公厅　财政部办公厅关于做好新型职业农民培育工作的通知》，按照“科教兴农、人才强农、新型职业农民固农”的战略要求，以造就高素质新型农业经营主体为目标，以服务现代农业产业发展和促进农业从业者职业化为导向，着力培养一大批有文化、懂技术、会经营的新型职业农民，为农业现代化提供强有力的人才保障和智力支撑，中国农业出版社组织了一批一线专家、教授和科技工作者编写了“新型职业农民示范培训教材”丛书，作为广大新型职业农民的示范培训教材，为农民朋友提供科学、先进、实用、简易的致富新技术。

本系列教材共有29个分册，分两个体系，即现代农业技术体系和社会主义新农村建设体系。在编写中充分体现现代教育培训“五个对接”的理念，主要采用“单元归类、项目引领、任务驱动”的结构模式，设定“学习目标、知识准备、任务实施、能力转化”等环节，由浅入深，循序渐进，直观易懂，科学实用，可操作性强。

我们相信，本系列培训教材的出版发行，能为新型职业农民培养及现代农业技术的推广与应用积累一些可供借鉴的经验。

因编写时间仓促，不足或错漏在所难免，恳请读者批评指正，以资修订，我们将不胜感激。

2017-06-20

目　录

第一单元
新农村生态文化建设

专题一　放飞梦想，共同建设美丽乡村

文化是一个民族的根，一个民族的魂。就社会主义新农村建设而言，文化具有其他社会要素无法取代的作用，即凝聚、整合、同化、规范社会群体行为和心理的功能。因此，建设社会主义新农村，需要建立起一种适合新农村建设的文化观念。一旦这种文化观念能够形成并深入人心，就能够在思维方式和行为习惯的层面上发挥其广泛、稳定而持久的影响。然而，新农村文化建设的根本则应是人与自然的和谐文化建设，即新农村生态文化建设。我们必须清醒地认识到：若想有持续的文化传承，必须注意人类与自然包括人文自然的和谐相处。

一、绿水青山　处处不舍心归处

记忆中乡下的春天繁花似锦，百鸟鸣唱；河水清澈，游鱼可数。如今，广袤的农村大地，许多地方没了树木，溪水干涸，生态平衡遭到破坏，特别令人担心的是，我们赖以生存的耕地在减少。土地是农民的命根子，也是文化建设的空间载体。建设“美丽中国”，是新农村文化建设的最终目的。但对农村来说，要想达到这一目的，当务之急是保护和珍惜每一寸土地。有了土地资源，才能在广阔的田野上画出最新最美的图画。

我们的党和政府十分重视生态环境的治理与改善。党的十八大报告中明确提出“努力建设美丽中国，实现中华民族永续发展”的奋斗目标。建设“美丽中国”是落实科学发展观、转变经济发展方式的内在要求，也是“大力推进生态文明建设”，“着力推进绿色发展、循环发展、低碳发展、形成节约资源和保

护环境的空间格局、产业结构、生产方式、生活方式”的落脚点。“美丽中国”，不仅在于自然环境的美丽，更着眼于人民生活环境的美丽。

建设“美丽中国”是个总体要求，具体到一个省、一个市、一个县、一个乡镇，都是需要美丽的。山西的新农村生态文化建设也在紧锣密鼓地进行着。2013年1月23日，山西省省长李小鹏在山西省第十二届人民代表大会第一次会议上作的《政府工作报告》涉及农村生态文化建设的内容很多：

> 大力推进生态文明建设，努力建设美丽山西。以建设国家循环经济和生态试点省为抓手，着力推进绿色发展、循环发展、低碳发展。加快实施主体功能区战略，优化国土空间开发格局。深入实施绿色生态工程，积极发展清洁能源，大力发展循环经济，促进节能降耗和污染减排。加大环境保护和生态治理力度，实施水生态系统保护修复工程、水土保持工程和造林绿化工程，每年营造林400万亩*以上，力争森林覆盖率每年提高一个百分点，持续改善生态环境。
>
> 抓好造林绿化和生态治理恢复。大力推进六大造林绿化重点工程，基本完成高速公路沿线绿化，启动实施吕梁山生态脆弱区植树造林工程，全年营造林450万亩以上。加快推进绿色生态工程、“2+10”生态环境治理修复工程，抓好重点矿区、重点流域生态环境综合治理和农村环境连片整治，加强重点区域水土流失治理，积极开展水生态系统保护与修复试点，严禁超采地下水。

这些多次提到的有关生态文化建设的规划时时刻刻告诉我们“生态文明建设事关全省人民生活质量，事关山西长远发展大计”。

党和各级政府的态度和行动同时也给文化建设者们一种指向：若想拥有美丽家园，可持续发展的生态文化发展理念是新农村文化建设不变的根本。是文化建设中时时注意加强宣传和建设的主要内容。

二、回归自然　乡村生态休闲游

也许有人说，城镇化是现代高度发展的一种标志，现代工业的五彩缤纷足以代替原有的鸟语花香，电子化产品足以让人摒弃户外的闲庭信步。但事实证明并非如此。城镇化的高度发展同时也让很多市民失去了许多跟自然接触的机会，而能够回归心灵的记忆自然也成为人们久在喧嚣中的一种强烈渴望。这种渴望其实就是新农村生态文化建设的重要契机。

---

* 亩为非法定计量单位，1亩≈667平方米。——编者注

我们注意到，各地的村镇游越来越受到都市人的青睐。久居都市的人需要在与自然的安静相处中慢慢释放出积累的压力。

可见，健康发展的新农村生态文化环境不仅仅是农村居民自身发展的需要，也是整个现代文化健康发展的需要。村镇是自然与人文的结合，村镇旅游可以使游客体会人与自然的和谐，感受传统文化，契合了时代发展的要求。

为落实建设特色景观旅游村镇，国家住房和城乡建设部公布的第二批全国特色景观旅游名镇（村）示范名单，山西省有8个村（镇）名列其中，包括汾阳市杏花村镇、天镇县新平堡镇、运城市盐湖区解州镇、万荣县荣河镇、阳城县北留镇、平顺县东寺头乡神龙湾村、平定县娘子关镇和沁水县土沃乡西文兴村。8个旅游名镇各有特色。

汾阳市杏花村镇是中华白酒第一村，天镇县新平堡镇是边塞军事重镇、新平古城，运城市盐湖区解州镇有武庙之祖——解州关帝庙，万荣县荣河镇有全球华人祭祖寻根中心——后土祠；阳城县北留镇有国家4A级景区——皇城相府等，平顺县东寺头乡神龙湾村有太行山挂壁公路、古村落，自然生态良好，平定县娘子关镇有著名关隘娘子关；沁水县土沃乡西文兴村为柳氏民居，诗人柳宗元后裔聚居的村落。

其中的一些游历内容，如包含劳作方式的村镇游，因过程更富有体验乐趣而广受欢迎。“参加村镇游的人主要有体验农村生活的年轻人，也有上了年纪的银发族，多数以自驾为主。”某旅游网度假产品部总监说，“一起劳作可以增进朋友或家人的感情，对于没有农村生活体验的游客来说，也是对不同生活的认知。”由此可见，回归乡村自然的同时也让很多人回归了心灵的家园，让彼此因为日复一日的机械性忙碌而疏远的亲情得到呵护。这足以证明新农村生态文化的成功建设不仅会影响新农村文化的建设，甚至会影响“美丽中国”的新时代文化的建设，如旅游文化、家庭文化等。

在明白新农村生态文化建设重要性的同时，更要认识真正行动起来的重要性。村镇旅游资源不可否认地为当地带来了很大的经济效益，但为了可持续的文化传承，应该进行全方位的保护和科学有序的开发。同时，作为身处其中的每一位渴望美好的人，也应主动维护我们美好的家园，让它们不仅在过去、现在有一副美颜，更能永葆青春不老。

三、人人动手　共同创建美好家园

现代的文明不仅仅是现代工业的发展，也应该是现代农业的发展。新农村生态文化建设是每一位身在其中者的责任，同时也应该是每一位心在其中者的责任。

拓展阅读

2013 年 7 月 16 日上午，忻州市启动“关爱五台山　保护大自然”志愿服务活动，市委常委、宣传部部长陈义青参加启动仪式，并宣布活动启动。

据介绍，此次活动是以“关爱五台山　保护大自然”为主题，以关爱名山、保护生态、美化环境为主要内容，将组织实施“保护名山　文明劝导”“保护名山、清洁家园”等多项活动。500 多名志愿者。从身边小事做起，进一步弘扬志愿服务精神，以实际行动“关爱五台山　保护大自然”。在当天的启动仪式上，青年志愿者们表示，要做到：积极响应，争当“宣传员”；主动参与，争当“实践者”；人人给力，争当“捍卫者”。

第二单元

新农村今昔文化建设

专题二　昨日文化，弥久陈香成历史名片

一、黄河文化

黄河流域是我国文化的发源地。几十万年以前，这里就有了人类的踪迹。新石器时代的遗址遍及黄河两岸、大河上下。进入阶级社会以后，在一个相当长的历史时期内，黄河流域是我国政治、经济、文化的中心，人们亲切地称它为“中华民族的摇篮”。黄河流域是我国开发最早的地区。在世界各地大都还处在蒙昧状态的时候，我们勤劳勇敢的祖先就在这块广阔的土地上披荆斩棘，劳动生息，创造了灿烂夺目的古代文化。

早在旧石器时代，黄河流域就有了人类的活动。山西襄汾发现的“丁村人”，距今20万年。在这悠久的岁月里，我们的祖先经过艰苦的劳动，既发展了人类的体质形态，又创造了旧石器时代的文化。他们不但发明了火，能够制造粗糙的石器、骨器，而且经过不断的实践，学会了钻磨技术，能够从事狩猎、捕鱼活动。我国传说中的燧人氏、有巢氏，可能就是这一时期的代表人物。新石器时代，黄河流域的人口急剧增加，生产和文化都有了飞跃发展。仰韶文化延续达千年以上，早期距今已6 000年左右。考古工作者经过广泛挖掘，发现从青海、甘肃一直到陕西、山西、河南，到处都分布有仰韶文化的遗址。在距今约4 000年前，原始公社瓦解，夏禹的儿子打破过去的禅让制，继承了禹的王位，建立了世袭的奴隶制国家。根据古代文献的记载，夏王朝存在了四五百年之久，大致活动于以河南、山西、山东为中心的黄河中下游一带。奴隶制虽然破坏了原始公社的公有和平等关系，但是打破了以往狭隘的氏族范围，扩大了生产规模和社会分工，为农业、手工业的发展及科学文化的创造，

开辟了前所未有的广阔前景。

从秦汉到北宋的1 000多年中，黄河两岸的劳动人民，除从事生产劳动外，还筑长城，开运河，修渠道，营造宫殿、寺院、陵墓，进行了大规模的工程建设。直到现在，黄河流域的地上地下还保存着许多古代建筑和艺术宝库。山西的唐代南禅寺和佛光寺大殿，充分显示了古代匠师高超的技术水平和杰出的艺术成就。

资料室

根据黄河晋陕大峡谷的狭长地理特点，山西有关黄河文化的旅游产品已逐渐进行了一系列开发。主要的黄河风光与文化产品在北段有万家寨现代水利枢纽工程，老牛湾、沿黄河长城及古堡古寨，弥佛洞、石经禅寺、天桥急流、娘娘滩和太子滩、荷叶坪、海潮禅寺、岱岳殿、香山寺、护城楼、鸡鸣三省戏楼、禹王庙、导弹发射基地；在中段有碛口、小西天、壶口瀑布、清代长城、克难坡、孟门岛；南段有禹门、司马迁祠、盐湖死海、解州关帝庙、秋风楼、普救寺、鹳雀楼、黄河铁牛、大禹渡、永乐宫。旅游线路可分设水陆两路，陆路为沿黄公路，水路可设计为“二漂”，即万家寨—龙口黄河段，壶口孟门—龙门黄河段漂流。

二、华夏根祖文化

商贸业根祖文化

早在春秋战国时期，运城就开始发生“日中为市，致天下之民，赞天下之货，交易而退，各得其所”的商贸交易活动。晋文公称霸之时，安邑就已经是有名的商贸集镇了。而开中国商贸先河的第一人，就是生活在运城市临猗县的猗顿。可以说，中国商贸业，始于三晋；三晋的商贸业，根在运城。

猗顿生活在战国时郇地（今运城市临猗县猗氏镇）。他年轻时家境贫寒，“耕则常饥，桑则常寒”。就在他苦苦寻求振兴家道之策时，三致千金的陶朱公范蠡来到郇地教义村（今临猗县太范村）隐居，他听说后便“往而问术”。陶朱公告诉他：“子欲速富，当畜五牸（zì。雌性牲畜）。”猗顿听后茅塞顿开，回到家，经过精密筹谋，把自己仅有的积蓄全部拿出，以低廉的价格购买了一些小牲畜和家禽精心饲养。几年下来，他就猪羊满圈、骡马成群了。

随着畜牧业的兴盛壮大，他又在古郇方圆百余里的土地上，购置并规划了三个畜牧区域，让三个儿子分别经营。他仔细观察、认真分析各种畜禽的生活习性，逐步摸索总结出“牛者顿足，马者夜饱，羊行自饱”的规律。他创造的

“盐水饮畜”“斗米养千鸡”的饲养方法和为雄畜去睾丸的办法，极大地提高了饲养效率。他不仅用留强去弱的办法提高种畜质量，还把本地和外地品种进行交配来繁育后代，为畜禽品种改良作出了巨大贡献。直到今天，运城的大黄牛和高个子驴，依然闻名遐迩，尤其是大黄牛，被誉为全国“五大良种”之一。

猗顿在发展畜牧业方面取得成功后，又组织民众利用山坡地开辟杏园、桃园、桑园近千亩。他培植的鲜杏品种有30多个，有的至今仍很有名，鲜桃品种达300多个，桃子的形状、色泽、味道各有千秋。猗顿不仅栽植桑园，还开办了缫丝加工厂，被人们称为“绣花园”。当时，“西抵桑泉，东跨盐池，南条北嵋，皆其所有”。而猗顿居住的地方，很快成为一大村落。

猗顿靠畜牧业积累了雄厚的资本后，又把眼光投向时人未曾涉猎的全新领域——制盐贩盐。他发明的垦畦晒盐法，大大缩短了出盐时间，至今仍在沿用。他还开辟了两条运输线路，源源不断地把运城的“潞盐”销往齐鲁、秦川、西域以至波斯湾等地。

猗顿把盐运到西域，又从西域换回一批批珍珠玛瑙、珠宝玉器，并在沿途各地设立了50多个珠宝店铺，甚至延伸到齐、鲁、燕、楚等各诸侯国，最终成为一代珠宝大亨。经营珠宝，不仅使猗顿富比王侯，也使他对珠宝鉴赏达到了极高的水平。汉朝刘安《淮南子·泛论训》就夸赞道：“玉工眩玉之似碧卢者，唯猗顿不失其情。”随着对外贸易规模不断扩大，来自四面八方到郇地和猗顿进行商贸交易的人络绎不绝。猗顿居住的村落也逐步由一个畜牧区演变为远近闻名的商贸集镇。后来，猗顿就在此建立了中国历史上第一座商城，后人称之为“猗顿城”。至今古城墙遗址尚在。

猗顿注重发挥自己的优势，首开了中华民族历史上长途贩运的先河。他致富以后，广行仁义，乐善好施，“急公奉饷上有利于国，恤孤怜贫下有利于民”，官皆敬之，民皆仰之。他汇总自己的商贸思想、商贸体会和经商之道，形成的《箴言集》，至今仍在流传。这些，都对后世产生了极大的影响。因此，后人尊其为商贸业的鼻祖。猗顿的商贸思想，对于运城、山西乃至全国商贸业的发展，无疑起到了启蒙和奠基的作用。

水利业根祖文化

水，是生命之源。但在远古时期，水却更多的是危害和灾难之源。人们常把它和猛兽连在一起，称作“洪水猛兽”，以喻遇到的极大祸害或灾难。据《尸子》记载：“燧人氏时，天下多水。”此时的中华先祖们，面对滔滔洪水，除了逃避或死亡，可以说“无能为力”。

最先向水害发起挑战的，是生活在古河东一带的中华先祖们。中国历史上三大治水功臣都是运城人。第一代是女娲，第二代是大禹，第三代是李冰。女娲是华夏治水第一人。据《淮南子·览冥训》载："往古之时，四极废，九州裂，天不兼覆，地不周载，火滥炎而不灭，水浩洋而不息。"我们的祖先处于水深火热之中。身为万众之母的女娲，忧心如焚，就"炼五色石以补苍天，断鳌足以立四极，杀黑龙以济冀州，积芦灰以止淫水"（《太平御览》），解除了灾难，使先民们安居在天雨淋不到、洪水冲不着的洞穴中。

治水成就最大的当数大禹。《孟子·滕文公上》记载："当尧之时，天下犹未平也，洪水横流，泛滥于天下"。禹的父亲鲧（gǔn），受帝尧之命，治水于今天的运城市芮城县境内。他用筑堤截流的办法治水 9 年，反而积细成巨，使水害愈演愈烈，最后受到惩罚被杀。这件事深深地刺痛了年轻的大禹，也激励着他下定决心根治水患，完成父亲未竟的事业。新婚第三天，禹便离家治水。他深刻反思并汲取他父亲治水失败的教训，面对水蓄不泄，一片汪洋泽国，改"堵塞"为"疏导"，顺乎自然，因势利导。大禹首先凿开龙门（今河津市），分洪下泄。自此，龙门亦称禹门。然后，他又率领民众，开山挖河，把滔滔洪水成功地导入河海之中，平息了水患，解除了百姓的灾难。大禹在治水的过程中，为后人留下了开三门、望夫台、错开河、米汤沟、禹王城、大禹庙、大禹渡、禹王坟等众多遗址和美丽动人的神奇传说。特别是他居外治水十三年，三过家门而不入的事迹，更是被世人传为美谈。后人为了缅怀大禹的功德，表达心中的敬仰之情，把他与尧、舜一起并称为古代"三圣王"。

农业根祖文化

农耕乃衣食之源、人类文明之根。农耕文化是世界上最早的文化之一，也是对人类影响最大的文化之一。中国的农耕文化起源于运城市稷山县。

远古时期，河东大地上长满了大片的森林，森林中又长着各种各样的植物，野兽时时出没在丛林之间。先民们在漫长的岁月里，过着原始采集、原始狩猎的生活。正是在这种原始的采集与狩猎过程中，河东农耕文化才得以孕育和萌芽。从狩猎中，先民们逐渐学会了识别和驯化兽类；从采集中，他们逐渐学会了辨认果实和种子。特别是他们在长期的实践中观察到，植物的籽粒随风飘落会在地面上长出新的植物，于是就把采集到的植物的块茎、籽粒等种植在居住地的周围，并打制石器，制造生产工具"以垦草莽"，开始了"刀耕火种"的最原始的农业耕作。

迄今为止，在运城地域内已发现石器遗址 400 余处。出土的农耕、砍伐工具有石斧、石锛、石锄、石铲等；粮食加工工具有石磨盘、石磨棒、石杵等；纺织、缝纫工具有石纺轮、陶纺轮、骨针、骨锥等；狩猎和捕鱼工具有石镞、骨镞、弹丸、网坠等；挖土工具有木耒（lěi。古农具，形状像木杈）等；收割工具有半月形石刀、石镰、骨铲、蚌镰等；另外还有大量的经打制、磨光，刃部较为锋利的穿孔石刀、陶刀、大型石铲、石耜（sì。古农具，形状像现在的锹）和打制的盘状器、砍利器等。出土的农作物则有粟、黍、高粱、大豆以及麻类作物等。从上述考古发掘的文物看，河东先民种植作物的品种类别之多、使用工具的用途之广及分工之细，都证明在这片古老而神奇的土地上，中华民族的先祖们很早就开始了农业耕作，创造了农耕文化。

对原始农业发展贡献最大的当数后稷。后稷，名弃，孩童时就对农作物非常感兴趣，长大后更是常常到田野中研究农作物的生长习性和规律，凡是适宜种五谷的，春天就去播种（稼），秋天再去收割（穑）。百姓们纷纷效仿他。帝尧听说这件事后，就任命他为农官。他上任后，积极引导人们适应时令，播种各种农作物，教民稼穑，不遗余力，极大地促进了原始农业的发展，最后累死在山上。至今，在运城市稷山县一带，关于后稷教民稼穑的许多传说，仍绵延不绝。运城市境内的稷王山、稷山县、稷王庙、稷益庙等，都是后人为了怀念“功崇平地，德大配天”的后稷的功绩而命名或修建的。特别是稷益庙里的许多壁画，真实地展现了后稷教民稼穑、发展原始农业的动人场景，令人倍生敬仰之情。

至今，粟、黍、高粱、大豆等，仍然是运城市一带重要的农作物。后稷教民稼穑的传说，正是我国劳动人民最早种植五谷的“活化石”。运城市平陆县枣园出土的牛耕耧播图，则为我国农耕文化的进一步发展提供了一组形象、权威、可靠的依据。

● 都市根祖文化

中国的都市文化就发端于积淀着历史的深沉、溢透着文化的旷达、演绎着文明的璀璨、素有中华民族发祥地之称的运城。

原始社会时期，从华夏民族的始祖炎帝、黄帝到尧、舜、禹，都相继活动在河东大地上，共同为中华民族文明的形成、发展和繁荣做出了重大贡献。到尧、舜、禹时期，黄河中下游地区的社会已经进入到较快的发展阶段，社会生产力水平比以前有了较大的提高，社会文明也有了相当的进步，初步形成了一套比较完整的管理体系，表现出我国早期国家机构的雏形。尧时创建的具有高度礼仪的“唐国”，则在中华民族历史上第一次深深地打下了国家的烙印。因此，《通志》上说：“伏羲但称氏，神农始称帝，尧舜始称国。”

作为国家的重要标志——古城建筑，这时候已经出现了。尧出生于运城市绛县尧寓村，明嘉靖年间《绛县志·序》称：“绛为尧之故墟，历年既远，沿革不同。”清乾隆岁贡白云在《绛山赋》中也讲道：“维绛唐尧之墟，冀州之域，而实之旧地也。”故绛被称为“尧王故里”。尧自幼天资聪颖，“年十二即辅佐兄挚管理天下大事”，他做了首领后，“初都蒲坂（今运城永济市），后迁都平阳（今山西省临汾市）”（《蒲州府志》），至今永济市尚有尧王台遗址和“尧王庙”。

舜建都于蒲坂（今永济市蒲州镇一带）。据《括地志》记载：“河东县南二里故蒲坂城，舜所都也。城中有舜庙，城外有舜井及二妃坛。”永济市张营乡有个“舜帝村”，村中现在还立有一块“舜帝故里”的大石碑。相传，有一天，舜帝从这里出发巡视盐池，在卧云岗上看到池中人来人往的繁忙景象，兴之所至，操起古琴，随口咏出《南风歌》，流传至今。

禹建都于安邑（今运城市夏县禹王城村）。《帝王世纪》中明确地说：“舜都蒲坂，禹都安邑……今邑有禹王城基址，即旧都也……”《水经·涑水》也记载：“安邑，禹都也，禹娶涂山女，思恋本国，筑台以望之，今城南门，台基犹存。”禹治平天下洪水后，制定了古神州的行政区域。他把国家分为九个州，这也是“中国”被称为“九州”的缘由。禹王城城址分大、中、小三城，总面积达13平方千米，规模宏大，结构复杂。同时，它又是我国历史上第一个奴隶制王朝——夏朝建都的地方，世界历史学界承认中国第一个国家出现是从夏朝开始，夏朝初都夏县。因此，禹王城被誉为“华夏第一城”。禹为夏王朝的建立奠定了基础，所以，他被后人称为“夏禹”。

尧、舜、禹之所以都在运城建都，一个重要的原因就是这里有一个天然生成的盐池。三个“帝王之都”，禹都安邑距盐池仅20千米；尧、舜定都的蒲坂也不过60千米。“三圣王”将“帝都”选择在盐池附近，充分利用盐池丰富的食盐资源这一天然宝物，他们的部族才得以生存、繁衍、发展和强大。

尧、舜、禹时期，上承“炎黄”，下启夏、商、周三朝代，是中华民族的历史转折时期，也是都市文化蓬勃发展的时期。它为我国早期国家的形成奠定了坚实的基础，为我国社会进入文明时代起到了巨大的推动作用。大禹死后，他的儿子启，打破了传统的禅让制，建立起王位世袭制。我国的历史，开始由部落联盟制向“子继父业”的“家天下”的奴隶制转变。从奴隶社会到封建社会，历代统治者把都城建得越来越大，都市在一定意义上已成为一个时代文明和进步的标志。

● 桑蚕根祖文化

中国是丝绸业的故乡，自古就以“丝国”著称于世。运城，则是中国丝绸业的发源地。

相传，5 000年前，西陵（今运城市夏县西阴村）有一位美丽的姑娘，她的名字叫嫘（léi）祖。嫘祖心灵手巧，聪明能干。她经常到野外采食野果，发现广袤的原野上长着许多桑树，树上有一种能够吐丝作茧的昆虫（即野生的桑蚕），吐出的丝细而结实，就把它捉来试养。桑蚕取食桑叶后吐丝结茧，然后钻出茧壳羽化为蛾。嫘祖发现这种茧壳被浸湿后，套在棍子上，用“手撕”捻线，可以拉出长长的银线，就把这种线叫做“丝”。后来她又受蜘蛛结网的启发，把丝织成布，人们称它为“绸”。绸代替了树叶和兽皮，人们从此就有衣服穿了。所以《通鉴外纪》赞扬嫘祖“治丝茧以供衣服”。嫘祖试养的家蚕孳生繁衍的消息，随着先民们在河东一带开始定居生活，很快就传开了。人们为了获得蚕茧，纷纷向嫘祖学习养蚕技术，并创造性地把蚕移到室内进行喂养。嫘祖养蚕缫丝，“教民育蚕”，为人类做出了重大贡献，人们出于感激，就尊其为“先蚕娘娘”。后来，年轻英武的黄帝听说了嫘祖的事迹后，心生爱慕之情，便娶嫘祖做了他的妻子。对此，《史记·五帝本纪》曾有记载：“黄帝娶于西陵之女，是为嫘祖。嫘祖为黄帝正妃。”夏县西阴村曾建有先蚕娘娘庙，庙内有先蚕娘娘像，可惜后来毁于战乱。夏县及周边许多地方，人们不仅对嫘祖养蚕缫丝的故事妇孺皆知，耳熟能详，而且一直保留着养蚕缫丝的习惯。

拓展阅读

1926年，我国考古学者在夏县西阴村仰韶文化遗址中，发掘出半个人工割裂的蚕茧标本。这枚标本，在中华人民共和国成立前夕被国民党当局运至台湾，现藏于台北“故宫博物院”。1986年，日本学者布目顺郎根据台北“故宫博物院”提供的半个茧壳照片，用丝线仿制复原，得知茧长1.52厘米，茧宽0.71厘米，茧壳存留部分占全茧的83%。茧壳的切面平直且发光，证明西阴发掘的半个茧壳是被人工割过的。这次考证还证实，结出这枚蚕茧的是家蚕而不是野蚕。这半个蚕茧及考证结果，是生活在河东一带的先民们人工饲养家蚕的物证。

蚕丝是蚕“生命的绝唱”，有“绿色黄金”和“钻石纤维”之美誉。在古代，统治者对蚕丝业与农耕业同样重视，常有“农桑并举”的记载。“一妇不蚕，或受之寒”的成语，反映了古代劳动人民对养蚕业的高度认识；“春蚕到死丝方尽”的诗句常被用来赞扬那些具有奉献精神的人；如今，藏族、蒙古族等少数民族在迎送、馈赠、敬神及日常交往中还使用丝质物品（即哈达）以表达敬意和祝贺。

蚕丝业的发展，还促进了我国古代对外通商和文化交流。自汉朝开始，伴随着丝绸之路上悠扬的驼铃声，以“丝”为主的中国服饰及服饰文化被传到了遥远的西方。世界由一根莹亮的蚕丝、一匹柔美的绸缎知道了古老而神秘的中国。一根蚕丝，连通了东方和西方两个世界。至今，我国南方苏州、杭州等地出口东南亚国家的丝绸，还要标注“西阴”牌商标。

随着科学技术的飞速发展，多种化学纤维尽管层出不穷，但它们在古老的蚕丝面前仍相形见绌。

三、晋商文化

曾经创造过辉煌商业成就的明清晋商早已离我们远去，20 世纪 80 年代以来，有关著述的不断问世，才使得今天的山西人了解到先辈的业绩，余秋雨的《抱愧山西》更是通俗浅显地将晋商介绍给了全国的读者。如今，山西晋中被一些业内人士称为晋商文化旅游区，因为那里是晋商的起源地，更重要的是，当地集中着五座深邃富丽的晋商大院。这几处晋商大院不仅将民居建筑文化发挥到极致，体现了山西民居甚至北方民居的菁华，同时，它也是晋商五百年兴衰史的见证。

其实，那些显赫一时的晋商家族当年无一不在不遗余力地为自己也为子孙后代营建一个归宿，但不是所有的晋商大院都能够保存到今天，有的大院虽然依旧能够找寻，但颓垣残壁之间，早已难觅当年的风采，譬如祁县县城的何家大院、阳泉官沟张家大院、碛口西湾陈氏民居等。20 世纪 80 年代末以来，有关部门先后修复开放了五座晋商大院，虽然这些力求恢复原貌的修复工程未能完全还原旧日景象，甚至不可避免地出现了一些遗憾，但今天的人们终于可以最直观地去感受晋商文化。这五座晋商大院分别是：祁县乔家堡村的乔家大院、祁县县城的渠家大院、太谷北洸村的曹家大院、灵石静升镇的王家大院、榆次东阳镇车辋村的常家庄园。

● 乔家大院

乔家大院早在 1985 年就辟建为民俗博物馆，是最早修复开放的一座晋商大院，更因为张艺谋的《大红灯笼高高挂》而蜚声海内外，几乎成为晋商大院的代名词。乔家大院充分体现了我国清代民居建筑的独特风格，是一座无与伦比的艺术宝库，是北方民居建筑的一颗明珠。甚至连许多从未到过山西的外地人也知道，皇家看故宫，民宅看乔家。

乔氏家族的第一代创业人乔贵发由小本生意起家，从闯荡口外的小伙计成长为垄断包头商业的大财东，包头城至今仍流传着“先有复盛公，后有包头城”的俗语。乔氏家族的产业在第二代创业人乔致庸手中继续发扬光大，达到鼎盛，商行、银号开到了京津、东北、长江流域。徐珂《清稗类钞》中估计乔家共有资产四五百万两白银，事实上乔家的各类动产、不动产加起来应该有数千万两之巨，大约相当于现代的近百亿元资产，这在当时的生产力发展水平和经济条件下，是一个他人难以企及的天文数字。

乔家大院历经三次大规模兴建、扩建，始成今日格局，时间跨度长达 160

余年。乔家大院占地 8 724 平方米，建筑面积 3 870 平方米，分为六个大院，内套 20 个小院，共 313 间房屋，整个大院的布局为双喜字造型，又称在中堂。

乔家大院形如城堡，三面临街，四周以三丈*高的砖墙封闭。大院内，以一条 80 米长的甬道分隔，甬道尽头是乔家祠堂。甬道南北各有三个大院，北面三个大院，从东往西，依次为老院、西北院、书房院，南面依次为东南院、西南院、新院。

乔家大院的最后一次扩建是在 1921 年，由乔映霞主持新建了新院并改建了西北院。乔映霞为乔致庸长孙，人称成义财主。乔映霞思想进步，信奉天主教，仰慕西方文明。受影视剧和传统思维的影响，人们往往以为这座古朴宅院里的少爷小姐们身穿着传统绣衣玩着古老的游戏，而事实上，到乔映霞掌家的时候，乔家子弟们已经穿着西式服装打开网球了。正因为如此，乔家大院的最后一次扩建，体现出“中学为体，西学为用”的色彩。新院的风格不变，但窗户全部换成了大格玻璃，配以西式装饰，屋檐下的真金彩绘，也在原来的“麻姑献寿”“满床笏”等传统创作内容中，加入了铁道、火车等新事物。在西北院的改建中，更是按西式风格装修了客厅，增设了浴室和西式厕所。

日本侵略军占领祁县后，乔氏家族远走避难，乔家大院则通过与教会的关系，挂上意大利国旗躲过了日军的侵扰。新中国成立后，乔家大院先后被机关、部队、学校占用。“文化大革命”期间，一些人曾经准备“拆院建校”，并且拆掉了几间过厅和厢房，所幸没有造成更大的破坏。1986 年，乔家大院辟为民俗博物馆。

乔家大院内，除了明清家具外，还收藏着“犀牛望月镜”“九龙宫灯”“万人球”等乔家珍品。此外，有四块牌匾颇为引人注目，它们是李鸿章亲自书写的“仁周义溥”、山西巡抚丁宝铨受慈禧太后面谕赠送的“福种琅环”、1927 年祁县昌源河东三十六村送给乔映奎的“身备六行”以及傅山先生手书的“丹枫阁”匾额。

1990 年，张艺谋筹拍《大红灯笼高高挂》时，为寻找一处合适的外景地而跑遍大江南北，其中包括四川刘文彩庄园、阎锡山故居等，均不如意。在朋友的推荐下，他来到了乔家大院，才发现这里与剧情珠联璧合，说不清剧本为大院而写，还是大院为电影而建。与剧情不同的是，乔氏家族的门风极为严谨，严令禁止纳妾、赌博、酗酒，为此，剧组在开拍前，专门举行仪式，焚香祈求拍摄顺利。电影拍摄完毕后，剧组留下了数百个红灯笼，悬挂红灯笼，从此成为乔家大院以及其他晋商大院最重要的装饰。而事实上，山西民间传统上

* 丈为非法定计量单位，1 丈≈3.3 米。——编者注

并不悬挂剧组制作的长形灯笼，而是悬挂圆形灯笼。如今，乔家大院还专门开辟出一个陈列室，展示该片剧照和部分道具。

梁家大院

祁县是山西为数不多的国家历史文化名城之一，在明清之际更是经济繁荣，富商云集。祁县古城以其严谨、周密的布局设计而闻名，以十字口为中心，东西南北四条大街垂直交叉，28 条街巷与之纵横贯通，无数富丽恢宏的民居散布期间，仅列入开发规划的就有四大院、八中院、十六小院。渠家大院，就坐落在祁县东大街 33 号。

渠家祖先以行走于长治、祁县之间的“货郎挑”起家，到清朝乾嘉年间发展成为晋中八大富户之一。渠家开设的长源川、长裕川两大茶庄，从两湖采办红茶，贩销于西北各地及外蒙古、俄国，他们还开设有“三晋源”“百川通”票号。徐珂《清稗类钞》中估计渠家共有资产三四百万两，事实上远远不止此数，传说，仅“旺财主”渠源浈的一个银窑内就藏有白银 300 万两。

获得“五个一”工程奖的电视连续剧《昌晋源票号》即是根据渠家的故事编写的，片中反映了三晋源票号的经营以及渠源浈、渠本翘父子在思想、观念上的激烈冲突。渠源浈是一个杰出的商业天才，但性格古怪，他的曾孙渠川因此将这部小说定名为《金魔》。与父亲终生未能化解矛盾的渠本翘坚持了自己的选择，走科举之路步入仕途，成为著名的爱国商人和教育家。

渠家从渠氏第十七代源字辈进入鼎盛，渠家十七世有著名的三大财主：田喜财主、旺财主、金财主。他们在祁县古城东半城建有十几个大院，千余间房屋，占地 3 万多平方米，人称“渠半城”。目前开放的渠家大院只是渠氏家族院落的一部分，为田喜财主渠源潮的住宅，占地面积 5000 余平方米，建筑面积 3 000 余平方米。

渠家大院为全国罕见的五进式穿堂院，内分 8 个大院、19 个小院、240 间房屋，大院内建有山西民宅中最大的戏台与戏园。渠家大院目前被开辟为晋商文化博物馆，以七大系列 28 个展室向游客系统全面地介绍了晋商的发展与衰落历史。

位于段家巷 14 号的长裕川茶庄是渠家的主要资产之一，目前被辟建为晋商茶叶博物馆，隶属于晋商文化博物馆，其门面上的大型石雕不可不看。抗日战争时期，这里曾做过日本宪兵的司令部，日寇在挖防空洞时，掘出 40 万两白银，被全部运到了日本。

曹家大院

曹氏家族三多堂位于太谷县西南 5 000 米的北洸村，听过山西民歌《看秧歌》的朋友想必对这个村都不陌生。

曹家先祖原居太原晋祠，明洪武年间迁至太谷。曹家的兴盛始于明末闯关东的曹三喜，到清道光、咸丰年间，达到鼎盛，640 余座铺面遍布大江南北，雇员 37 000 余人，资产高达 1 200 万两白银。从商业业绩而言，曹氏家族在晋商豪门中是较为突出的一家，生意一直做到了俄罗斯、日本、朝鲜。曹家历经两三百年而长盛不衰，20 世纪初的乱世，由于国家银行排挤、俄国革命、辛亥革命、日寇侵华以及子孙吸毒的影响，才走向衰落。

曹家大院始建于明末，是现存晋商大院中始建年代最早的一家。规模极其宏大的曹家大院以“福”“禄”“寿”“禧”四座大院最具代表性。目前幸存下来的仅有“寿”字形宅院，也就是我们今天看到的三多堂。

曹家第十六代主人为七个儿子分设堂名，第五子门下后来又陆续增加若干分支堂名，它们总称为三多堂，意指“华封三祝”中的多福、多寿、多子。

三多堂始建年代较早，保留有明代建筑风格，古朴、厚重、高大、简洁，是现存晋商大院中气势最为恢宏的一座。宅院坐北朝南，分南北两部分，东西并排三个穿堂大院，连接三座三层 17 米高的三层楼房，内套 15 个小院，现存房舍 277 间，占地面积万余平方米，建筑面积 6 000 余平方米。

曹家虽然偏居乡间，但生活极为奢侈靡费，常领全省风气之先。早在 1920 年，曹家就购买了一辆美制汽车，而当时，连山西督军阎锡山都不曾有此待遇。不久，曹家又购买了发电机，安装了电灯电话，均为全省首家。曹家老夫人“喜婆儿”出殡时，耗银十万两，动用 64 人抬棺。目前仍保存于曹家大院内的“百寿大屏风”“金火车头钟”等珍品，可以让游客感受到曹家过去的豪奢，那座金火车头钟，据说是慈禧太后抵押西行借款之物。

为保护家眷及财产安全，曹家多年来一直聘用当地形意拳高手当保镖，此后又组建了护院武装，在光绪年间人数多达 500 人。到了民国初年，曹家仍有

三多堂（曹家大院）

家兵300人，武器精良，并配有统一服装，聘请军官教练，每逢三、六、九日，还要进城与官军一起操练。

日寇侵占太谷后，曹氏家族逃亡，日寇动用两辆卡车用40余天时间将曹家珍宝财产掠夺一空，部分彩绘上的金粉也被刮走。

中华人民共和国成立后，三多堂先后被部队、荣军疗养馆等占用，于1995年被开发保护，成为“三多堂博物馆”。

王家大院

王家大院位于灵石县城以东12千米的静升镇，修复后对外开放的王家大院主要包括高家崖、红门堡两大建筑群，包含民居院落54座，总面积3万余平方米，是乔家大院的四倍。

静升王氏为太原王氏后裔，元代皇庆年间历经两次迁移之后定居静升，至今已近700年。静升王氏以耕作和磨制黑豆豆腐开始，由农及商，由商到官，终于在清代中叶发展成为富甲一方、声名显赫、人丁逾千的灵石四大家族之一。

王家传至第十四世王谦受、王谦和兄弟时，清廷因征讨吴三桂叛乱急需军马，已经开始从事牲畜贩卖的王家兄弟献上24匹良马，此举不仅使他们得到了康熙皇帝的褒扬，同时受命为清军筹集军马粮草获得可观的经济回报。王谦受还参加过康熙皇帝的千叟宴，御赐龙头拐杖一把。王谦受后来以2 000两白银为儿子王梦简捐了一个五品官，王家由此迈出由商而官的第一步。此后，王家通过正途科考、异途捐保和祖德荫袭三种方式，先后有52人被典封官职。

王家显贵之后，开始大兴土木营造宅第，累计修建了“三巷四堡五祠堂”等庞大建筑群，总面积15万平方米，也就是说，目前恢复的部分，仅是王家大院鼎盛时期的1/4。此外，王家还建有15座石牌坊和占地300亩的祖坟。

红门堡建筑群面南背北，依坡而建，占尽地利。红门堡建筑群是一个中规中矩、四四方方的全封闭城堡式建筑，城堡内纵向的一条主街与横向的三条小巷纵横交错，从高处俯视，即是一个工工整整的“王”字。红门堡通过一座石桥与高家崖建筑群相连，二者因为处于同一水平线上，故而又分别被称为西堡院和东堡院。高家崖又主要分为两部分，分别是王汝聪和王汝成兄弟的宅第。

高家崖建筑群建于嘉庆年间，较之建于清乾隆年间的红门堡要晚了近一百年，面积也稍小一些。但是，随着家业的进一步兴旺与文化品位的提升，王家大院最杰出的建筑艺术和被专家学者们称颂的木雕、石雕、砖雕“三雕”艺术，主要集中于高家崖内。

遍布于门窗、雀替、柱础、照壁、墀头、墙基石等处的三雕艺术作为建筑装饰，已经成为一种独特的艺术门类和传统文化的积淀，折射着汉民族的传统文化、风俗习惯和道德观念。所有的晋商大院内，都集中展示了精美的三雕艺术，但王家大院的三雕艺术成就则尤为突出。传统的三雕艺术，以意、形、音的方式，或明示或暗寓蕴藏吉祥、富含哲理的雅俗文化，表达出主人的对平安、富贵、多子多福等美好生活的强烈向往与祈盼。这其中，很多都是极为普遍的传统图案，例如：凤戏牡丹、满床笏意寓大富大贵，葡萄意寓多子，喜鹊登梅意寓喜（鹊）上眉（梅）梢，大猴背小猴意寓辈辈（背）封侯（猴），柿子与如意意寓事事（柿）如意……；以“唐夫人乳姑奉亲”“作佣供母”“四逸图”等传统典故为题材的作品则表达了主人的道德价值取向；“暗八仙”也是传统装饰纹样的一种，它以古代传说中八位神仙所执的器物而组成图案，含有吉祥之意。

静升王家和许多大家族一样，历经艰苦创业和鼎盛辉煌之后，也逃脱不了兴衰起落的必然规律。王家的衰败始于清道光年间，部分王家后人染上吸食鸦片瘾之后，沦落为偷儿、乞丐。王家首先被出卖的是红门堡内的部分宅院，异姓主人迁入之后，堡门门匾上的“合堡同宗”四字也不得不改为“合堡同德”。此后，高家崖以 964 两纹银易主，孝义祠以 2 000 吊铜钱贱卖。抗日战争爆发后，王家硕果仅存、资财依旧雄厚的王饮让一支匆匆将各地资产变卖后举家南迁。自此，这个辉煌一时的名门望族，历经 600 余年的创业与兴盛之后，终于烟消云散，仅仅成为一方土地上的历史话题。

中华人民共和国成立后，王家大院被分配给周边农民居住。20 世纪 90 年代以后，当乔家大院等三座晋商大院蜚声海内外的时候，王家大院依然藏在深山鲜有人知。1996 年，王家大院被确定为山西省重点文物保护单位，同年，修复工作开始。1997 年 8 月，王家大院高家崖建筑群首先以“中国民居艺术

王家大院与绵山

馆”对外开放，一年以后，红门堡、孝义祠、文庙等建筑群也相继开放。

当被冠以“华夏第一民居”的王家大院展示到世人面前的时候，其庞大的面积与恢宏的气势使许多游客为之惊叹，它也一度成为晋商大院中面积最大、文化品位最高的一座，这一殊荣一直持续到2001年9月“中国第一儒商旧居”常家庄园对外开放。

常家庄园

常家庄园位于晋中市榆次区东阳镇车辋村，车辋由四个小自然村组成，其布局呈车辐状，故名。

常氏祖先在明代由太谷迁居车辋，以牧羊为生，八世祖常威身背褡裢远赴张家口走上了经商的道路。先祖的牧羊鞭、常威的褡裢后来供奉于常氏宗祠内，与常万达的名言“视有若无，视盈若虚”一起被常家子孙尊崇了200年。常威之子常万圮、常万达学有所成之后，成为父亲的得力助手，兄弟俩先后创立了“十大德”“十大玉”20个商号，开辟了由福建武夷山至俄罗斯的数万里国际贸易通道“茶叶之路”，成为首屈一指的晋商“外贸世家”。常氏家族鼎盛之际，拥有员工千余人，骆驼上万峰，独占中俄茶叶贸易的四成，在清乾隆年间是当之无愧的全国第一富商。

常氏家族商业成功的原因很多，其中非常重要的一条就是这个家族坚持了以儒铸魂、以商兴业、儒商融汇、商儒互援、道德与经济合一的良性发展道路。在常家200余年经商、兴学交融史中，仅取得秀才、举人、进士等学位的就有170余人，他们基本都放弃了仕途而投身商界，集合为晋商家族中最为出类拔萃的精英集团。

从清代康熙年间开始，常家投入巨资营建宅院。常家分为“南常”“北常”两支，“南常”万圮立“世荣堂”，宅院以南北向的“前街”为主轴线；“北常”万达立“世和堂”，宅院以东西向的“后街”为主轴线。经过二百余年的修筑，常家建有宅院80多座，楼房50余幢，房屋3 500余间，占地面积300余亩，规模之庞大，世所罕见。常家环庄园而建的堡墙长达4千米，共开8个堡门，而古遥古城，城墙周长也不过6千米，开设4座城门，常家大院与其说是一所民宅，倒不如说是一座城市。常氏宅院的建设规模可谓三晋民居建筑之首，修复开放的部分12万平方米，仅为原有面积的1/4，即便如此，仍比王家大院大4倍，比乔家大院大12倍。

“乔家一个院，常家两条街”曾是晋商文化的缩影，但常家大院最大的特点不在其大，而在于高雅的文化品位，凝重的历史底蕴，以及集南北风格之大成，融院落园林于一体的特色，因而，无论规模，还是建筑艺术，常家大院堪称中华民居之典范。

常氏家族衰落于清末民初，中华人民共和国成立后，常家大院被分配给村民、学校使用，后街北侧的近十个院落由省民政厅购买，被荣军休养所占用，北常所建的常氏宗祠被晋中棉织厂占用。常家宅院的破坏一度相当严重，长期处于半荒废半民居状态，南常前街两侧建筑和北常后街南侧建筑基本不存。2000 年 5 月，榆次区着手修复常家宅院后街北侧建筑。榆次区委书记耿彦波曾担任灵石县委书记，王家大院就是由他主持一手开发，面积最大的两座晋商大院在其任上被修复。2001 年 9 月 29 日，常家庄园正式对外开放，门票价格 60 元，为山西人文景观之最，这里也是山西第一个进行市场化运作的文物保护单位。

常家庄园后街

山西大院群落的出现，是封建社会后期社会、经济、文化发展的产物，是晋商巨额财富积累的一种外在表现形式。

有观点认为，城堡式的晋商大院厚重、古朴的风格，同时也体现出了晋商的保守封闭、墨守成规。他们进一步认为，营造豪宅的行为本身就是一处致命伤：晋商资本大量流向土地，不利于商业资本向近代资本发展，如果将这笔巨资投入商业运作，又能增加多少财富呢?

应该说，这一观点不无道理，但我们同时也应该看到，富贵之后建设豪宅，这是传统思想与改善生活状态的双重要求。更为重要的是，任何一个时期的经济发展都要受所处时代的生产力发展水平、社会经济条件、政治制度的限制，当达到一定规模之后，其商业成就不可能超越生产力发展水平无限制扩充。晋商用以建设豪宅的资金仅仅是其沉淀下来的过剩资金中的一部分，为什么一些晋商老财要将白银灌入地窖把资本化做死钱？这不仅仅是晋商保守、惜财，其中一个很重要的原因是：在当时的历史条件下，继续投入资本，已经难以再获得可观的经济回报。从 19 世纪中叶起的百年间，连续不断的激进主义的暴力冲撞，一次次阻断了中国经济自然演进的路程，最终摧毁了晋商。不论晋商的思想如何进步、采取何种应变措施，都已经无法避免其整体衰落。我们可以想象，如果当年的晋商将建造豪宅的巨资投入商业运作，其结果是什么呢？那就是无一例外的灰飞烟灭，至多留给后人一些与其兴盛时期相比微不足道的金银与存单。与其如此，倒不如留给大家一座座底蕴深厚的晋商大院。

拓展阅读

在封建时代，建筑上有着严格的规制与传统，无处不体现着尊卑有别、长幼有序，官与民之间有着极为严格的等级制度，身为商人即使富可敌国也万万不敢有逾越之举，否则就是犯上，甚至谋逆，直到封建制度濒临崩溃的同治年间，平遥票号财东侯殿元还因为修建了七间七檩的豪宅兼商号而获罪。按照规制与传统，正房只盖单数不盖双数，商民三间三檩，官宦五间五檩，贵族七间七檩，而九间九檩的待遇，只有皇帝与宗教祠庙可以享受。正因为如此，五座晋商大院中，无人做官的乔家只能盖三间三檩，其他几家步入仕途或捐了官的，可以盖五间五檩。所以晋商大院中，超过五间五檩的建筑仅有一座，那就是常家庄园七间七檩的藏书楼，因其放置的是四书五经之类的圣贤之书，其地位超过了官宦，方可享受如此待遇。在平遥城内，我们可以看到，许多以清代二进院或三进院民居改建的民风宾馆内，东西厢房可以多达十余间，而正房仅有三间或五间。当然，晋商自有其变通方式，横向扩展被限制，那就向高空发展，所以才会留下不少的二到四层的楼房。

专题三　今朝文化产业，凝心聚力强新农经济

2013 年 1 月 23 日山西省省长李小鹏在山西省第十二届人民代表大会第一次会议上作的《政府工作报告》就着力做好“三农”工作中新农村文化建设状况有专门论述：

大力推进文化建设，加快建设文化强省。深入实施文化强省战略，加快推进文化建设“八大工程”。加强社会主义核心价值体系建设，坚持不懈用中国特色社会主义理论体系武装头脑、教育人民，大力弘扬山西精神，全面提高公民道德素质。坚持把社会效益放在首位、社会效益和经济效益相统一，推进重点文化惠民工程，加强重大文化设施建设，完善公共文化服务体系，促进文化事业全面发展。深化文化体制改革，增强公益性文化单位发展活力，完善经营性文化单位法人治理结构，培育壮大文化骨干企业，发展新型文化业态，使文化产业增加值占地区生产总值的比重超过6%，成为山西省新的支柱性产业。广泛开展全民健身运动，促进群众体育和竞技体育全面发展。

大力发展文化事业，覆盖城乡的公共文化服务体系基本建立，县县有图书馆、文化馆，乡乡有文化站，村村有文化室。

山西新农村文化建设的实践印证了山西省《政府工作报告》的精神，涌现了一批形式各异的“山西特色文化村”。

一、清徐县东南坊村

清徐县东南坊村背铁棍

清徐县徐沟镇东南坊村位于徐沟镇东南角，全村地势平坦，经济繁荣，环境优越，有较好的工农业发展基础和条件，是全镇的商贸发展中心。现有耕地面积2 961亩，住户530户，人口2 000人。2006年被确定为全省新农村建设试点村。2009 年 7 月 24 日，荣获“山西省首批文化特色村”称号。

改革开放以来，东南坊村发生了天翻地覆的变化。尤其是近几年来，在党支部、村委会的带领下，东南坊村立足实际、创新活动模式，大力推进新农村建设步伐，经济建设取得了长足的发展，2008 年全村经济收入达 1 753 万元，人均纯收入 7 645 元。与此同时，文化建设也如火如荼，党支部、村委会紧紧把握先进文化的前进方向，开展了创建“开展特色文化村”活动，有力推动了社会主义新农村建设的进程。

特色是建设新农村的根本，东南坊村围绕本村“背铁棍”艺术、戏曲艺术的独特文化，组建“票儿班”剧团、“三八”养殖妇女秧歌队、老年花鼓队等多支艺术团体作为先进文化的“播种机”，编小曲、演大戏，不仅将“八荣八耻”“科学发展观”等党的政策通过各种生动活泼的形式传达给村民，而且使村民在闲暇之余既放松了身体，又愉悦了情操，从而增强了村民们的集体观念，逐步形成了“只有众志成城，才能排除万难，共建和谐家园”的信念。

丰富精彩的活动要有配套设施的保障，文化活动的发展也需要基础设施的更加完备。为此，东南坊村先后投资巨款改善村民住宅环境，建起文化活动室、图书室、灯光球场，硬化道路、修葺排水明沟、在村内大小街道安装路灯、栽植国槐、快柏、香花槐等多种植物，采用国内处理畜禽养殖场粪便资源先进的“USR”厌氧消化技术发展集中供气的沼气站，极大地改善了村容村貌，成为典型的新农村建设示范村。

未来，党支部、村委会决定兴建一个集背铁棍艺术馆、图书室、老年活动室、科技培训中心、村委会、文化活动中心为一体的综合文化广场。

芝麻开花节节高，沐浴着社会主义新农村的阳光，在党支部、村委会的正确带领下，东南坊必将再创新辉煌！

二、交城县阳渠村

交城县天宁镇阳渠村位于交城县城东，北临 307 国道，南靠夏汾高速公路，地理位置优越，人口 6 540 人，是交城县的龙头大村，该村以民风淳朴、领导班子过硬、文体活动盛行而著称。是交城县首批小康村，也是市、县多次表彰的星级党支部、先进村、模范村。

近年来，阳渠村紧紧围绕构建社会主义特色新农村为目标，坚持以科学发展、和谐发展为中心，经济建设一片欣欣向荣，文化建设彰显勃勃生机。21 世纪初，党支部、村委会就确立了“以经济发展富民，以文化发展强村”的总体思想，并成立了以党支部书记为组长的全民文体活动领导组，以本村文体活动的悠久历史为基点，不惜重金兴建文体活动设施，购买道具及服装。2005

交城县阳渠村武术协会表演

年，新建混凝土篮球场一个，次年投资近200万元修建了一个现代化、高质量、布局合理、设施齐全的花园式文体活动中心，中心可容纳300余人，设有一座多功能活动室、两个乒乓球室、两个棋牌室、一个健身武术演练场地、两个羽毛球场、两个标准门球场、一个健身长廊及图书阅览室。2007年，投资近百万元，建立了文化站，增设了书画协会、文艺中心、老年公寓等。由于领导的重视，设施的完善，村民积极的参与，文体活动很快办得有声有色，活动中心天天有活动，节假日更是多彩丰富，并吸引了周邻村民的参与，使文体活动由点及面走向深入。2006年7月，75岁的村民牛思兴代表交城县参加全国形意拳比赛，勇夺冠军。2007年8月，在省城太原举办的国际武术邀请赛形意拳比赛中，阳渠村取得了2银4铜的好成绩。如今，村里有近千名武术爱好者，并成立了武术协会，其他活动更是此起彼伏。门球队，老中青参与；秧歌队，全民上阵……连续举办了七届卡拉OK大奖赛，每年有20万元用于文体活动。

阳渠村丰富村民精神生活、促进乡村文化建设的成绩，得到了省、市、县领导的表彰，从2005年至2008年连续四次被交城县人民政府命名为特色文化村，市级文化先进村，党支部书记常原禄多次被命名为文化先进工作者。2008年，阳渠村被山西省文化厅、山西省农村文化促进会、山西省文联命名为“山西省首批特色文化村”。

三、阳城县皇城村

皇城村位于山西省东南部，是山西省阳城县北留镇的一个行政村，全村共有256户，753口人，辖区面积2.5平方千米，党总支下辖10个党支部，28个党小组，207名党员。为维护和管理皇城村而成立的皇城相府集团下辖13个企业，现有总资产10亿元，员工3700余人。2008年，全村经济总量达到8.5亿元，农民人年均纯收入达到2.2万元，90%的家庭用上了电脑，上了互联网，90%的村民住上功能齐全的花园式别墅，100%的农户开通了电话，看上了有线电视，100%的家庭实现了煤层气供暖供热，100%的村民使用上了三、四星级水冲式自动化感应洗手间，100%的村民加入了农村养老保险，人均生活福利达到6 000余元。成为全国有名的宽裕小康文明村。

(一) 挖掘历史文化，让古代文化活起来

皇城村是一座有着300多年辉煌历史的城堡式村落。原为清康熙朝文渊阁大学士、吏部尚书加三级、《康熙字典》总阅官、康熙皇帝的恩师、曾辅佐康熙帝执政半个世纪之久的一代名相陈廷敬之宅邸，原称“中道庄”。被康熙御笔题为“午亭山庄”（午亭，陈廷敬晚号），后因康熙皇帝两次下榻于此，而得村名——皇城。为了挖掘皇城村厚重的历史文化内涵，皇城村多次召开了陈廷敬学术研讨会、海峡两岸康熙字典研讨会。同时，他们组织专门力量，收集、整理、编辑了陈廷敬的诗词、故事、传记等，先后共出版了《陈廷敬与皇城相府》《皇城相府陈氏诗人遗集》《陈廷敬与他的学生康熙皇帝》《皇城石刻文编》《陈廷敬传》《大清相国》《皇城故事集》《乡间皇城》和《皇城梦》等书籍20余种。同时皇城村从河南沁阳复制回康熙皇帝御赐大学士陈廷敬的点翰堂法帖碑文40余块，展示于相府南书院碑廊。此外，《陈廷敬史实年制》《陈廷敬诗学论文集》《陈廷敬思想研究》和《陈廷敬与康熙盛世》等专著也在2010年完成并出版发行。三是与山西大学合作成立了陈廷敬学术研究机构——陈廷敬学术文化研究部。四是投资600余万元，建成了中国第一个字典博物馆，由全国人大常委会原副委员长许嘉璐亲自题写馆名并亲临现场为“中华字典博物馆”开馆剪彩，于2007年5月25日正式对外开放。博物馆设在皇城相府树德院内，建筑面积1 100平方米，馆藏古今中外各种字书字典21 532册，其中各种不同版本的《康熙字典》就有127种4 800余册。被建设部和国家文物局授予“中国历史文化名村”的荣誉称号。

(二) 打造文化品牌，让皇城相府名片靓起来

为了打造“皇城相府”这张文化品牌和旅游品牌，2001年，皇城相府总支书记张家胜多次赴北京，最终和大型电视连续剧《康熙王朝》总制片人刘大印共同签订了“电视剧《康熙王朝》摄制合作协议书”，主动为剧组免费提供外景拍摄场地和群众演员。《康熙王朝》在中央电视台播出后，收视率达到了空前高度，皇城相府的知名度也从此享誉长城内外。此后，《我认识的鬼子兵》

《契丹英后》《三滴血》《关中女人》《烽火别恋》《缘定今生》《文化站长》《别拿豆包不当干粮》等电视电影先后在皇城相府拍摄。随着宣传力度的不断扩大，皇城相府这张名片越来越靓，2002 年皇城相府景区通过国家旅游局 4A 级评定，2008 年正式申报国家 5A 级景区。

皇城相府情景剧表演

（三）发展现代文化，让村民精神文化生活富起来

为了不断发展现代文化，皇城村运用各种手段加强乡村文化建设。一是狠抓农村教育，为皇城的长远发展奠定坚实基础。投资 600 余万元，建起来全省高标准的幼儿园和一流的标准化小学，率先与北大附小共建远程教育示范校。不仅如此，还鼓励和支持所有皇城村民的子女全部上高中，并由集体出资送入大专院校继续深造。目前，投资 9 000 余万元的晋城市高等职业技术学院皇城实习实训基地正在筹建中。二是大力投入文化体育基础设施建设，不断丰富村民的精神文化生活。村里建有文化科技图书室、篮球场、农民公园、青年老年活动中心等，茶余饭后，村民们三五成群，打球、健身　跳舞、散步、看书，幸福美满，其乐融融。三是经常开展文体活动，每两年举办一次的樊溪河畔农民运动会，被当地群众亲切的称之为樊溪河畔的小奥运。四是村里成立有文工团、女子八音会、女子秧歌队、青年军乐队、威风锣鼓队和夕阳红舞剑队。五是青年男女结婚，婚事新办，村里给以报销价值一万元用于购置电脑、书柜、书籍的费用，以鼓励青年人学习和上进。目前。远程教育网络也进了家户，进了企业。六是加大对村民和企业员工的在职教育：送出去学习。先后送出多人分别到北京大学、清华大学、山西大学和山西财经学院深造。请进来教。2005 年以来，先后邀请专家教授来皇城进行培训 40 余期，受训 3 000 余人次。七是开发生态文化。目前投资 3 580 万元，已建有珍奇花卉园，热带风情园、奇特瓜

蔬园、芳香养生园等，具有皇城相府特色与陈氏家族文化相衔接的集会议接待、餐饮食宿、休闲度假于一体的“梅园山庄”顺利完工。如今的皇城村，已经由原来的小山村，初步打造了具有古堡文化、现代文化、生态文化于一体的特色文化村，变成为拥有近 5 000 人的现代文化小城镇，皇城人也由此变成了现代文化人。

四、左权县西关村

左权县辽阳镇西关村，位于左权县城乡结合部，素有“民歌之乡”之美誉。现有 565 户居民，人口 1 680 人，是左权县经济和文化发展最快的一个村，尤其是新农村文化建设方面形成了别具一格的地方文化特色。

左权县位居太行山巅，与其他县相比，左权当属偏僻小县，历史上这里曾是民歌的海洋，也是中国民歌之乡之中的一个，西关村自古以来就崇尚文化，酷爱文艺。新中国成立初期，西关村的文艺队曾代表左权县多次赴省城演出，歌剧《劝夫卖余粮》《叫嫂嫂》曾一度走红。村民歌手冀爱芳先后五次出席国家级各类民歌大赛，其中《开花调》获“群星奖”“银奖”“优秀奖”，2004 年，村民张保平又获得中国第二届南北民歌擂台赛“歌王奖”良好的文化底蕴，造就了西关村人多才多艺的基础，也使太行山脉增添了一道靓丽的风景。

近年来，西关村在党支部书记、村委会主任宋国华带领下，大力推进新农村建设步伐，文化建设一片繁荣，在村集体资金的扶持下，各类文艺团体、协会组织如雨后春笋，能工巧匠应运而生，民间艺人大展才华，画匠、纸匠、剪纸、刺绣、工艺美术争相斗艳，梁家的祖传唢呐再度红遍太行，一曲“夹毛猴”倾倒省内外行家里手，《打滑跐》《摘花椒》《送小姨》传统剧目一经亮相获得阵阵喝彩，《老汉驾起了小四轮》《俊姑娘变成了科技花》《党把实惠给了咱》反映了农村的巨大变化，讴歌了党对“三农”的关心和支持。

与此同时，党支部、村委会投资修建了文化活动中心，设立了农民图书馆、群众阅览室、钱币收藏室并成立了红色展览馆，以及左权艺苑民俗开发有限公司，形成了一个农村文化活动网络，特别是农民图书馆，藏书达 2.5 万余册，内容包罗万象。

西关村广泛持久地开展村级文化活动，用社会主义先进文化去引导民间传统文化，使其更加发扬光大，他们卓有成效的工作得到了省、市、县领导的表彰，先后荣获县“新农村建设先进集体”“村级活动中心示范村”等 16 项殊荣，2009 年 7 月，被评为“山西省首批特色文化村”。

五、长治市故南村

从魅力长治北行 25 千米，地处长钢集团南面、漳泽水库北侧，有一个

“人文、科技、生态、景观”亮点呈现，“所教、所为、所乐”和谐发展的村庄。这就是被誉为全国农业旅游示范点、省级文明和谐村、基础教育“上党第一村”的故南村。

故南村地处长治市郊区黄碾镇，现有 500 户，计 1 928 人，1 500 亩耕地。村设党总支，下辖 3 个支部、8 个党小组、88 名党员。

为加快新农村建设步伐，故南村以人为本，科学发展，始终坚持发展经济与创新特色文化和谐发展的方针，紧紧围绕“贴近群众、组建文化团体、创新文化、与时俱进”的总体思路，加强组织领导，组建文化团体，丰富文化内涵，营造文化氛围，提高生活品位，陶冶美好心灵，为创建文化特色村谱写了新的篇章。

（一）加强组织领导

故南村把创新农村文化工作列入两委工作的议事日程，作为新农村建设中一件大事来抓。并制定专人负责组织、宣传、落实。与此同时各单位选派热心文化事业的人，作为骨干力量重点培养，为广泛开展农村特色文化建设奠定了基础。

（二）组建文艺团体

为创新农村特色文化，坚持“常抓不懈、常抓常新”的方针，适时组建了“青少年文艺宣传队”“中老年健身舞蹈队”“老年门球队”等文化团体，并聘请专人进行专项技能培训，为扎实开展农村文化活动创造了条件。

（三）加快场地建设

村集体先后投资千万元之多，建成农民娱乐中心和南华文化活动广场，建设了高标准门球场、网球场、篮球场和园区休闲广场。购置了音乐、健身器材，增设了汉白玉雕塑，美化了场地环境，同时组建了宣传文化室、廉政文化室和农民书屋，开辟了“八荣八耻”“科普惠农”专栏。进而，营造了文化氛围，渲染了文化气息，增强了村民的宣传文化意识。

（四）开辟多项活动

走进故南，当你触摸着一幅幅“石墨镌华”，它释放的是熠熠生辉的石刻文化；当你吟诵者一篇篇“凝固乐章”，它演绎的是深沉厚重的建筑文化；当你品味着一幅幅“集锦对联”，它诠释的是文辞隽永的楹联文化；当你欣赏着一字字“笔走龙蛇”，它体现的是淋漓尽致的书法文化。这些文化随处可见、无所不在。它时时处处影响着村民。使村民在潜移默化中受到感染、教育。然而故南村并没有以此为满足。他们在创新农村特色文化的活动中，又增添了新的内容。进而多层次、全方位、多渠道，拓展了农村文化宣传领域。

1. 开展“和谐家庭、文明村民”和“十星级文明户”评选活动　活动以

“八荣八耻”为道德标准来规范人们的行为举止，以培养社会公德、职业道德和家庭美德，鼓励村民办文明事、做文明人。

2. 深化“讲文明、树新风”活动 大力开展破除迷信、崇尚文明、反对邪教、抑制邪风的宣传教育活动。引导教育村民移风易俗、倡导科学，努力营造优美、舒适、健康、文明的生活环境。每年清明节，举行集体公祭活动，在一定程度上起到了“改进民俗，启迪民智，凝聚民心，纯洁民风”的作用，推动了全村精神文明建设。

3. 利用节假日进行文艺宣传 充分利用春节、元宵节、国庆节、校园文化艺术节、“七一”“三八”等节假日，积极开展文艺会演、歌咏比赛以及迎春节、闹元宵活动。大力弘扬时尚文化和民族传统文化，用以提高村民的生活品位，陶冶村民爱党、爱国、爱人民、爱家乡的高尚情操。

4. 挖掘历史文化，渲染现代文明 故南村历史悠久，源远流长，为了传承历史文化，鼓励支持民办长治锦绣坊的落户，使传统刺绣、堆锦文化产业升级。2008 年，为保护文化遗产，复修了“五谷神府”，内设“五谷神”传奇，历代名人书画和莲花古镇图。同时不惜耗费人力、物力、财力挖掘先后出版了《故漳专辑》和《故漳百年变迁》。而后又一鼓作气、锦上添花，刊印了画册《人本之路》。为文化的历史传承、继往开来做了一件有益于社会、有益于人民的大好事。

5. 注重文化创新，凝聚团队精神 随着集体经济的发展和村民生活品位的提高，为适应村民对文化生活的渴求，在村主要街道，路段的墙壁上绘制了图文并茂的文化墙 1 000 余米，尤其是经过长时间的酝酿、推敲，故南村录制、出台、唱响了属于自己的村歌《故南人》、校歌《恰同学少年》、幼儿园《儿歌》、合作医疗的《天使之歌》以及《龙泉祠颂》等。这些歌曲的不断传唱，不但揭示了故南村厚重的文化底蕴，营造了浓厚的文化氛围，凝聚了企业、单位的团队精神。

几年的工作实践使故南村的文化建设得到了长足发展。村民的文化生活得到了改善，“讲文明、树新风”落到实处。

自 2007 年以来，故南村中老年人太极剑参加了市老体协组织的观摩演出。故南村的音乐快板《十二姐妹夸故南》在潞州剧院演出，被区委、区政府授予文艺会演一等奖。

2008 年元旦，故南村自编自演的吟诗舞《一枝一叶总关情》参加了区委、区政府主办的迎新春文艺会演并获奖。2009 年 6 月，故南村被区政府授予文化体育工作“先进单位”。

“休闲南园里，行歌田野中”是故南人丰富多彩文化生活的缩影和真实写照。触及故南文化，方知她的内涵和底蕴；品位故南文化，方知她的厚重与深沉。故南解读了文化，文化托举了故南。故南这朵文化奇葩，必将在新农村建设中彰显他的魅力，从而大放异彩。

六、长子县西南呈村

西南呈村坐落在山西省长子县东部，隶属于享有“中国民间艺术之乡”“山西省民间艺术之乡”美誉的南漳镇，现有4 400余人，3 850亩耕地。尽管人居耕地不足一亩，但这个小村庄却使土里“长”出了音乐，成了我国华北地区众多专业剧团和民间社火表演使用的铜乐器的来源地，不但传承了古老而独特的技艺，还在市场经济大潮中闪烁异彩，吹响了新农村建设的号角。

回望改革开放之初，西南呈人用迷惑的眼睛看着变化的世界。春风，吹绿了西南呈的花草，也唤醒了西南呈人的头脑。他们痛下决心，开始寻找自身的闪光点，立志在市场经济大潮中一显身手。2004年，赵东彦就任西南呈村党支部书记，他敏锐地发现，有着1 300多年历史的铜乐器制作艺术将是西南呈以后安身立命之所在。为此，他充分调研，找出问题，提出对策，积极组织村里各个作坊主和老艺人分析研究将铜乐器产业做强做大的办法。皇天不负有心人，一分耕耘，一分收获。西南呈的发展找到了正确的道路。到如今，西南呈的铜乐器加工业已经发展为年产铜乐器150余吨，产值800余万元的支柱产业，除供应国内大部分省市需求外，更是走出国门，远销欧美。西南呈所产的手工铜乐器，无论在何处，都是好评如潮，美誉连连。

富起来的西南呈人并没有就此满足。在这一产业的带动下，古老的民间“八音会”又重新整合起来，农户演出公司应运而生，股份公司遍地开花。两支女子八音会和一支兰花女子威风锣鼓队，人员过百，英姿飒爽，她们精彩的演出不仅丰富了群众的文化生活，更极大地提升了人们的情操，昔日老实的庄

长子县西南呈村铜乐器加工业

稼汉们真正的成了才华横溢的文化人。骄人的成绩离不开带头人的正确领导。早在2006年、2007年，党支部、村委会就多次召开村民代表大会，制定发展方针，这一切为西南呈日后的一鸣惊人埋下了伏笔。同时，村中先后投资175万元，成立文化活动中心，建立文化休闲广场，给西南呈的腾飞插上了强有力的翅膀。

长子县西南呈村兰花女子威风锣鼓队

借“铜乐器制造加工”和“民间八音艺术”的东风，西南呈振翅高飞。祖先留下的特色文化遗产，一定能发扬光大；具有自身特色社会主义新农村道路，一定能越走越宽；人杰地灵的西南呈，一定更加光彩耀人！

七、晋城市晓庄社区

“对于农村思想文化阵地，社会主义如果不去占领，资产阶级腐朽思想就必然会去占领。”这是1994年2月江泽民总书记视察山西，在省城太原接见晋城市晓庄社区党支部书记王翠翠时她所说的，江总书记给予了首肯，同时也博得了参会领导的掌声。如今，新老交替，王翠翠又接过了晓庄的当家人担子，晓庄社区在承前启后中新农村建设又上了一个台阶，2009年7月，晓庄社区荣登“山西省首批特色文化村”。

晋城市城区晓庄社区，是于2004年2月在晓庄村的基础上撤村组建的，农居总户约1 000户，人口约4 000人，耕地1 600亩。社区组建前，是省级小康村、文明村、巾帼示范村，市级宽裕型小康示范村。

多年来，晓庄社区坚持以经济建设为中心，以煤炭资源为依托，立足晓庄，着眼市区，适时进行经济结构战略性调整，一业带多业，搞活了集体经济，发展了一大批民营企业，建立了现代化生态农业。他们从1990年到1995

晋城市晓庄农民艺术节

年，投资 4 000 余万元建成了主楼高 13 层的宾馆和商场；积极引进外资，建成“唐荣实业”、庄景建材市场和智宇贸易公司等多家企业；发展生态农业，投资 1 200 万元，成立了绿色农业、苗木和乳业三个公司，采取了“公司+农户”的经营模式，涉及农户 400 余户，吸收富余劳力 400 余人。通过这些努力，晓庄社区在 2008 年社区人均年收入达到了 7 000 元，成为首批宽裕型小康示范村。

经济的发展，使晓庄人过上了小康生活，然而，只有文化生活的充盈才会体现村民的综合素质。由此，晓庄两委始终坚持两手抓，先后投资 78 万元建起了文明市民学校，投资 200 余万元，新建了标准化的学校和幼儿园，投资 200 万元建成文化活动中心，配套了图书阅览室、发展史展厅、文娱活动室，普及了加密电视，并为老年人办起了老年活动中心，为妇女们办起了妇女之家，并成功举办了一年一届的文化艺术节，20 余年未曾中断，不仅丰富了群众业余文化生活，而且带动了文化建设的繁荣，促进了精神文明的开展，使社区 90%以上的住户成为星级文明户，多年来从未发生重大刑事案件和重大治安案件，民事纠纷调处率达百分之百。

为了更好地实现社会主新农村建设的目标，努力营造宜居社区、和谐生态社区，晓庄新建了高标准住宅小区，铺设了水泥公路，硬化了社区街道，实施了亮化美化工程，绿化面积和公共绿地面积逐年扩大，休闲场所逐年增多。特别是生态农业园区开发以来，漫山遍野翠色欲滴，生机盎然，水泥盘山路在园区盘旋环绕，休闲凉亭、假山怪石在园区绿荫中伫立闪现，为社区居民提供了休闲游玩的好去处，并成为市区和古矿集团晨练休闲之人的必到场所。与此同时，社区还投资 1 500 万元，新建了专科医院，改建扩建了老年公寓，为社区居民提供了健康生活保障。为 65 岁以上老人发放了养老金，为社区农户居民办理了医保，为农户居民每年发放年终福利，小有教，老有养，病有医，乐有场，社会秩序稳定，人际关系和谐，居民安居乐业。

如今，在认真贯彻科学发展观的今天，晓庄正以其实际行动不断践行这种理念，不断地用先进的思想文化给社会主义建设添砖加瓦。晓庄为高楼林立的城市增添了一片绿色，赋予了城市一种生气，一种奋进的气概！

八、定襄县阎街村

定襄县宏道镇阎街村，是一个拥有丰富的民间文化底蕴的村子，全村1 300多口人。

近年来，阎街村党支部、村委会积极响应党中央和省委、省政府关于新农村建设的文件精神，努力创建文化名村，取得了明显的成效，文化建设可谓硕果累累。2005年，阎街村自筹资金60万元，建立了文化大院，之后又陆续配套了影像室、健身房、电脑室、图书阅览室、科普室、棋牌室等文化设施，组建了民乐队、八音会、老年秧歌队并恢复了大型街头文艺专栏《宏道文艺》同时，他们挖掘民间文化艺术瑰宝，将流传于当地民间做戏装的手工技艺发扬光大，戏装销售遍布各地，并为《红楼梦》《水浒传》《三国演义》电视摄制组设计制作服装。

阎街村多次举办剪纸、刺绣、面塑、布老虎、木雕等工艺展览，刘晓辰的木雕《应县木塔》《鹳雀楼》等作品已作为山西省文化产品远销海外，张婵、张秀婵的剪纸作品多次在省内外获奖。张秀婵和梁志朋的面塑作品深受国外专家好评并收藏。全国政协委员非物质文化遗产考察组、全国民间美术专家团、省文化厅领导对阎街的工艺作品赞不绝口，给予很高评价。

2009年7月24日，阎街村被省文化厅、省农村文化促进会、省文联命名为“山西省首批特色文化村”。

九、曲沃县高显村

高显村位于曲沃县城西北隅，西濒汾河，北邻滏水，是一个总面积10平方千米、有6 000余口人的大村。2009年7月24日，高显村以其传统的农民书画艺术品牌被省文化厅、省农村文化促进会、省文学艺术界联合会授予“山西省首批特色文化村”荣誉称号。

高显村历史上就以书画之乡享誉三晋，且代代相传，沿袭至今。近年来，在党支部、村委会的带领下，高显村坚持以邓小平理论和“三个代表”重要思想为指导，以科学发展观为统领，不断解放思想，与时俱进，开拓创新，全村经济建设得到了长足发展，2008年全村人均纯收入达到了5 380元，远远高于曲沃县 3 993 元的平均水平。与此同时，高显村党支部、村委会始终把文化建设摆在同经济建设同等重要的位置，立足本村实际，充分发扬本村擅长书画的传统优势，多种措施并举，成了远近闻名的“书画村”。该村党支部、村委会把弘扬农村书画艺术作为一件重要工作来抓。2005 年投入 10 余万元，建起了村民书画活动中心，并于 2005 年 9 月成立了高显村农民书画协会，吸纳全村已有书画艺术造诣的会员 70 余人，其中中国书协、中国硬笔书协、中国楹联协会、中国农民书画研究会等国家级会员 8 人；省书协、诗词学会会员 5 人；市、县级书协会员 10 余人，具有美院、美专毕业学历的会员 8 人。随着技艺的不断提升，2006 年 8 月 9 日高显书画赴省城太原展出，时任省委副书记薛延忠、副省长梁滨等出席了开幕仪式。山西日报、山西电视台等十多家省内外新闻媒体做了采访报道，高显书画开了农民书画展之先河，名震全国！

曲沃县高显村书画

多年来，镇党委高度重视，村党支部热情积极，高显村的文化活动如火如荼，交流书画技艺的团体个人接连不断，不仅促进了本村书画艺术的进步，而且带动了周边村镇的农村文化发展。

借新农村建设的强劲东风，传承几千年古老文化艺术的根蒂，我们相信，未来的高显村将会再现昔日商贾云集，墨香洋溢的繁荣景象。我们也祝愿高显村不仅能墨香飘九州，更能飘出国门，飘向世界！

十、尧都区洪堡村

临汾市尧都区吴村镇洪堡村地处尧都区北大门，与洪洞县接壤，东临汾河，西倚大运高速公路。全村有 3 500 口人，4 000 亩耕地；是临汾市的一个农业大村，也是山西省社会主义新农村建设试点村。

近年来，洪堡村在党支部书记赵全平带领下，团结党支部、村委会一班人认真贯彻中央有关新农村建设的会议精神，紧紧围绕“生产发展、生活宽裕、乡风文明、村容整洁、管理民主”的目标，大力开展新农村基础建设、文化建设，在具体实施中确立了一个思路（文化就是村庄的灵魂）、两个结合（文化建设与村民道德素质和民生工程相结合）、三个层面（从基础实施、文化创作、文艺活动三个方面来开展文化建设）、四项措施（抓好基础文化设施建设、抓好文化队伍建设、积极探索与时代相适应的文化活动方式、不断丰富文化活动内容）。

得力的措施是顺利实现文化建设目标的保证，基础实施投资建设是实现文化强村的首要前提。几年中，洪堡村用于文化建设、基础设施建设累计达近千万元，先后建起村民文化活动中心、农民敬老院、休闲健身广场、农村甲级卫生所、科技服务站、农家书屋，同时还完成了村小学改造和村内 92 条胡的水泥硬化并对村外道路进行了拓宽改造，使村容村貌焕然一新。

村容好了，道路平了，街上亮了，活动场所有了。党支部、村委会迅速做出决定，投资 300 多万元购买了音乐器具、服装道具，建起了排练室、编导室、服装室、器材室、休闲娱乐室，组建了女子威风锣鼓队、老年柔力球队、秧歌、花鼓、凯旋鼓、文艺演唱队等十支文化活动队伍，并能一次达到千人表演的规模。每年举办的农民文化节吸引了四邻八村的村民前来观看，并已成功地举办了八届，不仅丰富了农民的文化生活，而且促进了周边村民间的文化交流、商品贸易交流增加了农民的经济收入。

尧都区洪堡村秧歌表演

洪堡村在新农村村务建设、文化建设的突出成绩得到了省、市、区领导的肯定，2009 年 7 月，洪堡村被评选为“山西省首批文化特色村”。

十一、大同市南郊区老窑沟村

提起大同七峰山，可能没有多少人知道，但提起老窑沟，马上就有热心人会和你聊得滔滔不绝：这里是全国新农村建设先进文明村，这里是山西省农村旅游示范点，这里有闻名遐迩的“红色圣境”，这里有“省级蒲公英儿童文化园”……这里的荣誉数不完，这里的好景看不尽！

老窑沟地处巍巍七峰山下，人口 1 059 人，耕地 1 990 亩。从前这里是彻头彻尾的“贫困村”和“落后村”，房屋破烂不堪，街道杂乱无章，村里人文化水平不高，多数是“睁眼瞎”，进城甚至分不清男女厕所，贴春联弄不清上下。这一切从党支部书记田文上任开始便发生了彻底的改变。“为了发展，为了子孙后代，我田文就是碰破头、跑断腿也要干！”这就是田文当时的誓言，党支部、村委会集思广益，党员、群众协力同心，如今的老窑沟，拥有一座煤储量 1 亿多吨、可采 108 年的矿井，年洗精煤 45 万吨的洗煤厂和年加工高岭岩5 000吨的加工厂，人均纯收入达到了 9 000 元，一跃成了远近闻名的“富裕村”“先进村”。

老窑沟富了，富得“流油”，但他们没有搞吃光分净，而是高瞻远瞩谋求长远发展之计，他们深知，发展离不开先进的文化理念，“治村必先治愚，治愚必须重人才培养”，有了思路也就有了行动的目标，一座漂亮的学校在老窑沟拔地而起。田书记又带领村民去江苏、河北、内蒙古等地高薪聘请了 12 名初中和小学教师，组建了一支强大的师资队伍，使学校成了名副其实的高质量育人之地。趁热打铁，村里又投资 150 万元建起了一座古典园林式幼儿园，集教育、休闲、娱乐、少儿音乐、舞蹈、书画培训为一体，村民们亲切地称其为“乡村公园”，1997 年省文化厅将其命名为“蒲公英儿童文化园”。这一切，使老窑沟的教育得到了长足发展。

建设社会主义新农村，不仅是经济的发展和村民的富裕，更应该是用先进文化武装村民的头脑。1981 年，投资 300 万元，面积 2 000 平方米的文化活动中心顺利完工，中心设有剧场、图书阅览室、广播室、放映室、娱乐室、剧团工作室成为大同市首批农村文化活动集中场所并成立了“乡音艺术团”等专业性的剧团队伍和秧歌等群众性的队伍，自编自演了《夸新村》《红色圣境颂》《高唱荣辱歌》《名城赞》《赞南郊》等一大批优秀曲目，传达党的政策、宣传煤矿安全生产、赞扬社会主义新风尚，不仅在省市等各级各类比赛中屡获大奖，更为附近群众每年奉献几百场演出，成为老窑沟精神文明的一个知名窗口，获得一致好评。

在文化建设水平不断提高的情况下，党支部、村委会领导成员又开始了思考。为了更好地教育后人，“吃水不忘挖井人，幸福全靠共产党”，他们决定修建“红色圣境”。通过一座座雕塑、一幅幅图画、一篇篇诗词的综合手段，再现共产党领导人民翻身做主的壮丽史诗，展示伟人的丰功伟绩，“红色圣境”不仅已经是老窑沟新时期的标志性建筑，而且成为省级爱国主义教育基地，每年接待游客上万人。

重视农业，发展工业，开发文化旅游业，老窑沟在文化设施建设、人才培养、奖励补贴累计投资逾亿元。春华总有秋实，耕耘总有收获。近3年中，他们先后荣获省级“文明村”、市级“精神文明村”、省级“先进文化村”和“首批文化特色村”。

十二、临猗县张嵩村

“昔日阁老故乡，今日楹联大村”的张嵩村，位于运城市临猗县楚侯乡董夹路边，这个只有800多农户的小村，近年来深入发掘自身文化潜力，先后荣获县级“文化先进村”“书画村”和市级“楹联文化先进村”等多项殊荣，成为远近闻名的特色文化村。

张嵩的文化可以追溯到商代。自张嵩镇守盐池时建村立庄以来，先后出现过“张嵩三相”嘉祯、延尝、弘清，及明朝名臣乔应甲（又称乔阁老），以及近代留苏回国的优秀共产党员乔子甲等。在张嵩这片具有深厚历史底蕴和丰富文化资源的土壤中，从来就不缺少文化的种子。20世纪30年代，村民就有“闹家戏”的习惯，逢年过节更是热闹非凡丰富多彩。生活水平提高后，群众文化活动更是蓬勃发展。常言道，火车跑得快，全靠车头带。改革开放以来，党支部、村委会班子在抓经济建设的同时，积极采取各种保障措施，推进新农村文化建设，重点组建“两会”，即“乔阁老文化研究协会”和老年协会，深入发掘乔阁老刚正清廉、惩恶扬善的精神，积极发挥老党员、老干部的监督作用，引导群众树立新农村新风尚，弘扬“孝行天下，誉满乡梓”的传统美德，培养了张嵩独特的文化氛围。他们努力发挥妇代会作用，使妇女成了乡村文化传播的一支主力军。2006年，组建了“文化和谐剧团”，排练蒲剧《山村母亲》《麒麟村》等大型剧目，一经演出便赢得社会高度认可，将张嵩特色文化村的建设推向了新高潮。随后又组建了拥有百人的女子锣鼓队、女子腰鼓队、扇子舞队、秧歌舞队，马术俱乐部等多种文化活动团体，成为远近闻名的“文化村”“先进村”。2008年12月，随着全国乔应甲楹联艺术论坛在张嵩的成功召开，对《半九亭集》研究的不断深入，张嵩村逐渐成为远近闻名的特色文化村。

十三、太原市杨家峪村

杨家峪村位于太原市之东，距市区 2.5 千米，大运高速横穿南北，全村 600 余户，人口 1 600 多人，土地 6 300 亩。是山西省文化厅、山西省农村文化促进会、山西省文联联合命名的“山西省首批文化特色村”之一。

近年来，杨家峪村在各级政府和领导的正确指导下，大力发展农村经济，新农村建设一片欣欣向荣，乡村文化建设独具特色。党支部、村委会始终把农村文化工作放在战略高度，定期召开文化宣传工作会议，并成立了以原任党支部书记胡珠任为主任的文化工作小组。他们投资建设文化活动中心，图书阅览室等一应设施，配套了各种文艺活动器材、健身器材以及服装道具，组建了老年文体队、老年合唱团、女子百人锣鼓队。村文化室每周六、日为儿童举办兴趣培训班，并成立了管弦乐队，这些活动队伍多次参加市、区、街道办组织的各类大小文体活动，受到了领导的表扬。

由于领导重视，经费充足，群众文化活动十分活跃。老年活动室内，笑语声声，不绝于耳；文化广场上尽是轻歌曼舞、英姿飒爽，有秧歌操、老年健身舞、腰鼓、蝶剑、太极拳、太极剑、筷子舞。文化活动的氛围，感染了一大批村民，参与活动人数逐日增多，老年文体队现已超过 200 多人。60 岁的村民常全福在绘画上很有心得，他的水粉画“深谷琴音”入选第十届全国水彩画展，国画“江山多娇”“太行雄风”获全国山水画展创新奖，并被中原书画院聘为客座教授。民间艺人巩翠仙、巩翠娥，从小喜欢面塑，她们的作品多次获得文化部门的好评，并成为街办的优秀民间艺人。

太原杨家峪村文体队

如今，杨家峪村的新农村经济建设、文化建设一片生机盎然，一路高歌，一路猛进，有党支部、村委会的正确领导，有广大村民的积极参与，未来的杨家峪没有最好，只有更好！

十四、汾阳市贾家庄村

汾阳市贾家庄村，位于驰名中外的杏花村之西，307 国道由村北穿过，全村 700 户，2 600 余人，是全国新农村建设的先进典型，也是全国农业生态示范点。

多年来，贾家庄一直坚持走发展集体经济，走共同富裕道路，成为构建和谐社会、建设社会主义新农村的一面旗帜。特别是近年来，贾家庄村党支部、村委会带领全体村民走发展壮大集体经济、实现共同富裕的道路，着力倡导“集体主义的思想、先公后私的品德、艰苦奋斗的作风、改革创新的意识、共同富裕的目标”为核心内容的贾家庄精神，创造了一个社会和谐稳定、经济持续发展的良好发展局面。截至 2008 年底，全村粮食总产量达 250 万千克，工农业总收入突破 2 亿元，集体资产达 3 亿元，人均年收入突破 6 000 元，在经济腾飞的同时，贾家庄村的文化建设形成了颇具特色的农村文化氛围。

早在 1998 年，贾家庄村党支部、村委会就确立了文化强村的战略目标，并创建了儿童文化园，设立了书画、剪纸、舞蹈等 7 个班，并聘请各类教师前来辅导。随着经济的发展，又建起了享有盛誉的三晋第一园——生态园，园内设有农业科技园、野生动物园、花卉植物园、儿童游乐园、休闲健身园以及江南水乡等十几个种类，形成了融观光旅游、生态农业和科研教学为一体的文化市场，中央、省市领导多次莅临，并给予高度赞赏，且留下了墨宝真迹，公园开放以来接待国内外游客百万人次，并多次举办农产品博览会、商贸旅游节，吸引了省内外商家和农户的光临，省内文艺团体及赵本山、黄宏众多明星纷纷前来献艺。不仅促进了商贸经济的繁荣，而且丰富了广大农民的业余文化生活，促进了新农村文化建设。

多年来，贾家庄村坚持以先进文化占领农村文化阵地，利用多种形式宣传党的方针政策，农村广播是贾家庄村 20 多年从未停止过的宣传手段，不仅传播政策理论、文化科技、卫生保健知识，而且即时地表扬好人好事，与此同时，利用自办的《腾飞报》传达各类农村信息，并多次举办诗歌朗诵、戏曲歌舞、征文书法等多项大赛，以此陶冶村民情操。组建的村民文艺宣传队、农民锣鼓队、农民管乐队、老年演唱队、武术队、健身操队也异常活跃，他们从村里表演到城里，由城里演到了市里，歌舞剧《共同富裕金光道》《腾飞曲》曾获吕梁市文艺调演一等奖。各种各样的文艺活动、形式多种的乡村文化，使美丽、富裕的贾家庄增添了勃勃生机。

社会主义新农村建设，没有最好，只有更好。“企业规模化、农业农场化、村庄都市化、生活现代化”这是贾家庄人未来的目标。

“杏花村外贾家庄，红旗高举在汾阳。”贾家庄，这面农业战线的红旗，永远不倒！永远飘红！

老话说得好：“打铁还得自身硬，喊破嗓子不如做出样子。”配合村民文化活动，张嵩村党支部、村委会并没有仅仅在嘴上说说，而是实实在在地做出了样子。近几年来，张嵩村先后投资修建了60余万元的村民活动大楼，建成了村民活动广场，拓宽了南北大道、投资10万余元修建了1 500余米排水道，更携手北京“中农乐”，建成了无公害优质苹果基地，极大地提升了全村果业档次，保证了村民生活水平的不断提高。

第三单元

新农村体育文化建设

专题四　体育文化，促进全民健身体系

“三农”问题历来是党和国家高度关注的问题，是关系党和人民事业发展的全局性和根本性问题。农业丰则国力强，农民富则国家盛，农村稳则社会安。中国作为农业大国，必须实现农民富裕和农村发展，真正实现“新农村”建设的宏伟目标。党的十六大提出了全面建设小康社会的宏伟目标，城乡统筹发展，经济建设和文化建设要齐抓并举。“新农村”建设应该以文化建设为支撑和动力，农村体育文化是文化的重要组成部分，是提高国民整体素质，全面建设小康社会中不可缺少的内容。而体育的开展普及无疑是对建设新农村文化的一种积极的促进力量。随着我国改革开放和社会主义经济的快速发展，人民的生活水平得到了很大程度上的提高，人们对生活质量便有了更高的要求。在日常生活中，人们不再单单只关注吃、穿、住、用、行，而是把注意力集中到了锻炼身体上，人们对健康越来越关注。保养身体再也不是仅限于过去的医疗和药物保养，而是用更多的时间进行体育锻炼，保持身心健康，达到强身健体的目的。

我国经济发展虽然取得了巨大的成效，但是农村人口仍然占据重要地位，农村文化的发展还比较弱势。因此，加强对农村文化发展改革，建设新农村，大力发展农村体育文化已经成为当前政府推动农村发展的新动向。农村体育文化的建设发展从根本上要转变地方政府重经济轻文化的观念，解决好经济发展和文化建设的关系问题。而目前体育文化却相对滞后，农村体育文化比较贫乏，这不仅制约着农村经济社会发展，也制约着农村整体发展的进程。通过推广体育活动项目可丰富农村人民的精神文化

生活，提升农民群众的身体素质和综合素质，达到构建新农村文化氛围，真正实现社会主义现代化建设宏伟蓝图。希望政府能够加大支持，引导各乡镇做好体育工作的推广和传承工作，以产业化发展的形式，促进体育项目的传承和发展，加大对农村体育事业的投资，保证人民的身体健康，从而真正提高人民的生活水平。

一、农村体育文化现状

为了解农村体育文化现状与存在的问题，促进农村体育文化的快速发展，研究发现农村的体育场地设施严重不足，文体活动开展少，农村的体育文化建设远没有跟上农村社会经济的发展，但受北京奥运的深刻影响，农民的体育热情很高，对体育文化建设的需求迫切。

根据中国农民体育协会的估算，拥有至少一块标准运动场地和体育设施的行政村只占中国全国村落总数的不到1/5，而且这些村庄大多集中在东部富裕地区。不过，勤劳聪明的中国农民善于克服场地和设施缺乏的困难。许多农村都在因地制宜开展体育运动，把体育设施和生产设施结合在一起，比如他们把篮球场和晒谷场结合在一起，搞“两打两赛（晒）”活动，一箭多雕。农忙晒谷子，农闲打篮球——简易的运动场地成为生产和休闲的场所。实际上农村体育设施可以不要建太大，就建一个灯光球场、一条健身路径，里面包括乒乓球台等。农闲时候可以综合使用，晒谷子、纳凉、办文艺晚会、开大会、放电影等。这样就把体育和文化设施结合在一起。

我国作为一个农村人口居多的国家，大力扩展“全民健身”运动，对于提升我国体育文化具有十分重要的意义。然而，城乡体育差别较大，主要表现在：农村经济较城市落后、农民健身意识不强、场地设施不完备、农村体育锻炼人数比较少、体育消费程度比较低，其中最根本的原因是农村经济落后，造成城市与农村的体育发展不协调。当城市体育基本设施建设如火如荼的时候，广大农村的体育基本设施却仍处于比较落后的状态。正如体育科学专业委员会副主任田雨普先生所说，“农村体育不扩展，农民没有时机加入体育运动，中国的群众体育就永远不能问鼎现代化，也永远不能称为全民健身。”也正如美国管理学家彼得提出的水桶效应：一只水桶能盛多少水，并不取决于最长的那块木板，而是取决于最短的那块木板。农村体育发展的好坏将直接涉及我国体育发展的大体程度，提升农民的物质生活程度，是发展农村体育首先要解决的问题。农村体育包含体育场地设施、器物、体育思维方法、宗教情感、民族性格、体育审美情趣、体育道德情操及有关体育运动的各种理论实践等。

资料室

体育场地设施可以吸收广大农民加入体育运动，是进行体育运动的物质保障和重要载体，《中国群众体育现状调查结果报导》指出：我国现有各个类型体育场（馆）近70万个，其中占国土面积16.5%和占人口39%左右的城镇占全部体育场（馆）的比重为79.8%。而占国土面积83.5%并占有61%左右人口的广大农村地区却只占20.2%的体育场（馆）。这说明乡、镇、村地区的体育场馆条件比较差，我国广大农村的体育场地及设施数量严重不足，质量比较低，多数农村地区没有专门用来锻炼的环境，而仅能在自家庭院以及周边运动，体育器材主要以自制为主，体育运动方式受到限制，仅能做一些简单的运动，如散步、爬山、荡秋千、做操之类的，影响了体育文艺的丰富性。有关调查表明，影响乡镇村民加入体育锻炼的主要原因，排在第一的是缺少场地。另外，有些体育设施由于质量不合格而不能被有效使用，还有相当一部分的运动场所和器械不对外开放，基本上处于闲置情况，很大程度上浪费了原来就非常稀少的体育资源。

二、全民健身计划“一二一”工程

1. 全民健身纲要 为了实现健康教育“从娃娃抓起”的方针，国家教委于1993年向全国教育部门发出通知，要求在中小学、大学和其他各类学校开设健康教育课程。1994年，开始实施“九亿农民健康教育行动”，把健康教育的知识送到农村，使广大农民懂得建立健康的生活方式。1995年6月20日经国务院批准发布《全民健身计划纲要》，并在全国实施。全民健身计划纲要是为了更广泛地开展群众性体育活动，增强人民体质，推动我国社会主义现代化建设事业发展。到20世纪末，经济、社会和体育发展程度不同的各类地区，经常参加体育活动的人数都有所增长，人民体质明显增强，群众参加体育活动的时间、体育消费额等逐步加大，群众体育健身活动的环境和条件有较大的改善，初步建成适应社会主义市场经济体制的全民健身管理体制，初步形成人民群众广泛参与、充满发展活力的运行机制，建立起社会化、科学化、产业化和法制化的全民健身体系的基本框架。

2. 全民健身计划“一二一”工程 全民健身计划奋斗目标是：努力实现

体育与国民经济和社会事业的协调发展，全面提高中华民族的体质与健康水平，基本建成具有中国特色的全民健身体系。为贯彻落实《全民健身计划纲要》，国家体育委员会制定了《关于贯彻〈全民健身计划纲要〉，实施“全民健身‘一二一’工程”的意见》。向社会发出了全民健身迈出第一步的响亮号召，为动员全社会关心、支持全民健身计划的实施，引导广大人民群众积极投身体育健身活动，使体育健身逐步成为一种人人享有、人人参与、人人有责的社会性活动，首先倡导国民做到：

- 每人每天参加一次以上体育健身活动，学会两种以上体育健身方法，每人每年进行一次体质测定。
- 倡导家庭做到：每个家庭拥有一件以上体育健身器材，每个季度全家进行二次以上的户外体育活动，每个家庭有一份（册）以上体育健身报刊图书。
- 倡导社区做到：提供一处以上体育健身活动场所，每年组织二次社区范围的体育健身活动，建立一支社会体育指导员队伍。
- 强调学校做到：保证学生每天参加一小时体育活动，每年组织学生开展二次远足、野营活动，每年对学生进行一次身体检查。

青少年和儿童的健康成长关系到民族的希望，国家的未来。目前，在新农村开展“全民健身”活动更加具有深远的意义。“全民健身计划”的提出和实施，对提高农民劳动者的全面素质，建立科学、文明、健康的生活方式，推动社会主义物质文明和精神文明建设等都将具有积极的作用，同时对指导我国群众体育实践，促进体育理论建设，全面提高中华民族乃至全人类的健康水平和整体素质都具有重大意义。在新农村中必须着重抓好农村体育组织建设，加强村级综合文化室建设，落实其体育方面的职能职责，适度发展文体中心户，为农村体育事业发展奠定良好的组织保障。强化社会体育指导员、教练员、裁判员的培训和管理。加大培训力度，壮大体育服务队伍。规范人才队伍管理，充分发挥他们在运动健身中的科学指导作用，提高执教、执裁水平。加强体育组织和人才队伍建设，建立和完善由“行政组织—社会团体—民间健身组织”等构成的全民健身组织网络体系，让全民健身的“场地、组织、活动”同步发展支持发展壮大，改善基础条件，规范内部管理，丰富比赛活动，发挥纽带作用，有效带动农民朋友们广泛参与体育活动。新农村建设是新世纪我国构建和谐、协调城乡发展的重大战略举措。新农村建设不仅要解决农村生产方式的转变，提升物质文明建设水平，同时也要在农村建立现代文明、科学健康的生活方式、文化生活。体育文化建设是新农村建设的重要内容，也是促进农村体育消费增长的基础性工作，要充分体现农民自主权，加快建设农村体育文化事业。

三、农村体育文化内涵

1. 我国农村体育文化有深厚的文化土壤 自古以来，中国传统体育在农村广泛开展。《史记》中就大量记载有先民习武、游戏等内容。《苏秦列传》记载了齐国先民“无不斗鸡、走狗、陆博、蹴鞠……”经过先民长期实践与传承，形成了一系列如武术、舞龙、舞狮、赛龙舟、斗牛、斗鸡、摔跤、赛马、放风筝、围棋、象棋、踏青、傩舞、秋千等区域性、民族性体育项目和体育民俗。如何充分利用和挖掘长期沉淀的传统体育文化资源，弘扬和发展农村优秀体育文化传统，是加强农村文化建设，提升农村现代化生活水平，推动新农村建设健康发展的重要途径之一。随着《全民健身计划纲要》的颁布实施以及“亿万农民健身活动”的顺利开展，我国已形成了从市（地）、县、到乡镇甚至村屯的农村体育组织网络，农村体育事业步入新的发展阶段。许多省市都形成了各具特色的体育文化活动。如山西的“千村万乡大运体育长廊”、安徽的“农村体育年”，都各具特色，吸引了广大农民参与健身活动。据有关专家调查，只占农民总数20%左右的农村文化精英能经常参与体育活动，而占农村人口78%～85%的农业劳动者则很少经常参与体育锻炼。

如何在新农村建设中加强现代体育文化的培养，促进农村体育消费的增长，丰富农村精神文化生活，提高农民文明素养，是当前新农村建设的一项重要任务。“十一五”期间，国家实施“农民体育健身工程”，是我国政府推进新农村建设的一项重要举措，充分表明国家对农村体育文化建设的重视。政府投入要更多在宏观环境和基础设施上进行供给。要因地制宜发展农民体育运动，所有的体育供给，既要贴近农村，又要贴近农民。在一些体育“贫困”乡村，应该把体育场地建设列入农村发展规划，逐步使亿万农民都有一个进行体育锻炼的场所，然后选择一些适宜农民开展、运动负荷不大的活动或体育项目，开展体育活动。

2. 农村体育文化的内涵

（1）主体是共同劳动和生活的乡村农民，具有主动性和自发性。农村体育文化不是少数人的活动，乡村农民也不仅仅是被动的受众。我们既不能将“文体下乡”活动等同于农村体育文化建设，也不能用“腰鼓舞”或“秧歌舞”或“赛跑”等现代体育活动方式取代农村体育文化。因为这样做，只是把乡村农民视为简单被动的体育文化受众，以部分人的体育文化活动遮蔽了乡村农民对于体育文化活动的全面参与。乡村农民是新农村建设的主体，也是新型、健康农村体育文化建设的主体。在构筑新型、健康农村体育文化的过程中，乡村农民是主力军，具有全面、主动、自发、自觉、参与和享受的特性。体育文化是乡村农民共同拥有的风俗习惯，具有历史延续性，农村体育文化本身既具有千百年来的传统习俗，也有时代进步所赋予的全新内容。特别是一些民间传统体育项目，承载着乡民们的生活理念和体育文化内容。共同的礼仪和习俗文化，具有强大的认同、凝聚和整合功能。根据这一特点，我们对那些糟粕和陋俗，应“移风易俗”；而对于有益于风化的“良俗”，则应继承改进和发展，如舞龙、舞狮、太极拳、八段锦、五禽戏等应大力提倡。

（2）体育文化是乡村农民间一种互动的健身娱乐活动，具有广泛参与性。在这些体育娱乐活动中，乡民们有时是被动的受众，但在更多时候则是主动的参与者。虽然他们自编自娱的体育活动从现代体育的角度来说达不到某些高级标准，但这丝毫不会影响其健身价值和健身效果。目前，当一些农村体育文化站点功能消退、处境尴尬之时，农民们自己开办的“体育文化节”却悄然走红，尤其节日庆典举行的文体活动，自发组织、广泛参与是农村体育文化鲜活生动并极具吸引力的根本所在。体育文化是乡村农民所拥有的稳定、共同的生活质量和生活方式，具有全方位性。我们不能把体育文化狭隘地等同于身体活动，后者只是其中的重要内容之一。新型、健康的生活方式应是新型、健康的农村体育文化的本质内涵。其中农村的生产能力、生活状况、乡村治理结构、社会保障状况、民主管理程度、村民自治水平等各方面，都应是农村体育文化的重要内容。新型、健康的农村体育文化建设是一个系统工程，我们要全方位地把握农村体育文化的科学内涵，充分展示农村体育文化的社会功能。

3. 农民体育健身意识 社会主义新农村建设过程中怎样来重视农民的身体健康，这是对农民朋友的关心。所谓体育健身意识，是指人们在参与体育健身活动过程中对体育健身及其重要性的认可，以及由此产生的思想观念、心理活动的总和。它包括对体育健身的认识与理解、体育健身参与意识、竞争与合作意识、奉献与效率意识和终身体育意识等。是否具备体育健身意识是影响农民体育健身工程的重要因素之一。在农村，约有20%的农民认为体育锻炼浪费时间，将近25%的农民不能对体育与健身方面的消费正确评价。约有20%的农民不参加体育活动或对是否参加存在较模糊认识。男性锻炼次数要远远超过女性，未婚者锻炼次数也明显多于已婚者。农民每次锻炼所用的时间，从总体上看主要是在“1小时以下”。农民们的体育交流相当匮乏，体育交流次数与文化程度及收入成正比，农民们常常认为地里劳动就是锻炼身体，那是错误的认识。参加最多的体育项目为：散步、慢跑、羽毛球、篮球、乒乓球、台球、棋牌、游泳、跳舞、健身操。他们主要选择与朋友同乡一起锻炼或单独锻炼，最乐意在田间或不收费的公共活动场所及公路街道边进行锻炼。他们体育消费形式以体育欣赏、购买运动服和体育书报杂志为主，每年的体育费用“100 元以内”的人数最多，约有 15.0%的人没有体育费用开支。农民不参加锻炼的主要原因是工作忙，身心疲惫、缺少余暇时间、没有合适或免费体育场所、经济实力不足等。他们参加体育活动的外在影响因素是受同乡或朋友、周边体育氛围、媒体新闻转播、学校体育的影响。他们闲暇时间主要是“看电视”“读书报”“做家务”“打牌”等，“去锻炼”仅排在第八位。针对上述研究结果，拟出提高农民体育意识及促进其参加锻炼的对策。

- 加强宣传力度，构建体育文化环境。全社会应通过广播、电视、报纸、杂志等渠道加大全民健身的宣传力度，营造良好的健身氛围。
- 加强针对农民体育活动的制度建设，政府机构只有自上而下制定一系列针对农民有政策倾斜的法规体系，健全体育管理制度，制定大力发展社区体育的方针政策，拟定有效可行的具体措施，同时不断完善农民工的各种社会保障制度。
- 兴建大众化的体育场所、设施。政府及相关部门应增加群众体育健身经费投入，增设免费的体育场所和设施，提高公共体育场馆、设施的利用率。
- 农民体育锻炼活动多样化。应大力开展形式多样、农民乐于参加的群众性体育活动，如举办农民运动会或各种球类比赛等趣味性体育活动。
- 农民要注重自身综合素质的提高，主动吸取现代城市的新思想、新文化，在生活方式、生活理想、生活行为规范上努力与城市文明协调一致，注重丰富自身的精神文化生活，这样才有可能加速形成现代体育价值观念，进而更有条件转化为体育参与行为。
- 形成锻炼的团体、组织，搭建农民们团结、合作，互相交流的平台。形成固定的时间、固定的场所，去锻炼、去学习，互相交流、互相促进、共同提高身体素质。

只有身体素质提高了，农村的气氛和谐了，农民们才能更好地投入到生产实践活动中，确实提高农民的生活水平，加快农村经济发展。

专题五　科学健身，提高农民身体素质

随着科学技术的迅猛发展和经济的全球化，人们的物质文化生活水平从整体上有了很大提高，健康状况大为改善。但是，现代生产和生活方式造成的体力活动减少和心理压力增大，对人类健康造成了日益严重的威胁。有很多疾病还威胁着人们的生命，如心脑血管病、癌症、慢性肺病等，影响着人们的生活和生产。人们渴望健康，社会需要健康，健康逐渐成为人们更加关注的话题。人们逐渐认识到，健康不仅是没有疾病和不虚弱，而且是在身体、心理和社会发展方面都保持完美的状态。人们比以往任何时候都更加关注自己的健康状况和生活质量。

一、健康是人类永恒的追求

由于人们的健康对国家的发展、社会的进步和个人的幸福都至关重要，而健身运动又是增进国民健康的重要途径。因此，作为新农村的新型农民朋友们也要重视科学锻炼身体的方法，特别是要树立健康的观念，养成良好的生活习惯，提高农民朋友的生活质量。

（一）正确的健康观念

1. 健康的定义　健康是指人在身体、精神和社会等方面都处于良好的状态。世界卫生组织提出“健康不仅是躯体没有疾病，还要具备心理健康、社会适应良好和道德”。因此，现代人的健康内容包括：躯体健康、心理健康、心灵健康、社会健康、智力健康、道德健康等。健康是人的基本权利，是人生最宝贵的财富；健康是生活质量的基础；健康是人类自我觉醒的重要方面；健康是生命存在的最佳状态，有着丰富深厚的内涵。

拓展阅读

世界卫生组织（WHO）的健康标准

（1）精力充沛，能从容不迫地应对日常生活和工作。

（2）处事乐观，态度积极，乐于承担任务，不挑剔。

（3）善于休息，睡眠良好。

（4）应变能力强，能适应各种环境变化。

(5) 对一般感冒和传染病有一定的抵抗力。

(6) 体重适当，体态均匀，身体各部位比例协调。

(7) 眼睛明亮，反应敏锐，眼睑不发炎。

(8) 牙齿洁白，无缺损，无疼痛感，牙龈正常，无蛀牙。

(9) 头发光洁，无头屑。

(10) 肌肤有光泽，有弹性，走路轻松，有活力。

2. 影响健康的因素

(1) 行为和生活方式因素。

①行为因素。行为是影响健康的重要因素，几乎所有影响健康因素的作用都与行为有关。例如吸烟与肺癌、慢性阻塞性肺病、缺血性心脏病及其他心血管疾病密切相关。酗酒、吸毒、婚外性行为等不良行为也严重危害人类健康。

②生活方式。由于生活方式和不良行为导致了慢性非传染性疾病及性病、艾滋病的迅速增加。近年来我国恶性肿瘤、脑血管病和心血管病已占总死亡原因的61%。据美国调查，只要有效地控制行为危险因素，不合理饮食、吸烟、酗酒和滥用药物等，就能减少40%～70%的早死，1/3的急性残疾，2/3的慢性残疾。

(2) 生物遗传因素。自然界的生物具有遗传性，人也如此。人体的基本结构、生理机能以及某种形态特征都可以通过DNA遗传给下一代，如身高、体重、相貌、体质状况、寿命长短和某些生理缺陷等。据调查，目前全国出生婴儿缺陷总发生率为13.7%，其中严重智力低下者每年有200万人。遗传还与高血压、糖尿病、肿瘤等疾病的发生有关。由此可见，遗传基因对健康具有重要的作用。

(3) 环境因素。

①自然环境。保持自然环境与人类的和谐，对维护、促进健康有着十分重要的意义。若破坏了人与自然的和谐，人类社会就会遭到大自然的报复。

②社会环境。包括社会制度、法律、经济、文化、教育、人口、民族、职业等，社会制度确定了与健康相关的政策、法律、法规等。

3. 心理健康

(1) 心理健康是健康的重要组成部分。在现实生活中，心理健康和生理健康是互相联系、互相作用的，心理健康每时每刻都在影响人的生理健康。如果一个人性格孤僻，心理长期处于一种抑郁状态，就会影响激素分泌，使人的抵抗力降低，疾病就会乘虚而人。在日常生活中一方面应该注意合理饮食和身体锻炼，另一方面更要陶冶自己的情操，开阔自己的心胸，避免长时间处在紧张的情绪状态中。

(2) 心理健康的标准。有适度的安全感，有自尊心，对自我的成就有价值感。适度地自我批评，不过分夸耀自己也不过分苛责自己。在日常生活中，具有适度的主动性，不为环境所左右。理智，现实，客观，与现实有良好的接触，能承受生活中挫折的打击，无过度的幻想。适度地接受个人的需要，并具有满足这种需要的能力。有自知之明，了解自己的动机和目的，能对自己的能力作客观的估计。能保持人格的完整与和谐，个人的价值观能适应社会的标准，对自己的工作能集中注意力。有切合实际的生活目标。具有从经验中学习的能力，能适应环境的需要改变自己。

(3) 如何培养健康的心理。性格开朗、目标明确。无论在哪都要保持愉快的心情。适应和改善现实环境，做自己命运的主人，不断增长生活经验；学会应对变化的外界环境，保持人格的完整和健康。

4. 社会适应 社会适应指个体为了适应社会生活环境而调整自己的行为习惯或态度的过程。在社会生活中，每一个体都有自己独特的为人处世、待人接物的方式，都有人际交往、合作、友情、尊重、名誉及取得成就的愿望和需要，善待压力，把压力作为生活中不可分割的一部分，学会适度减压，以保证健康、良好的心境。

5. 亚健康

(1) 亚健康是近年来医学界提出，又称“第三状态”“次健康”，是人体处于健康和疾病之间的一种状态。处于亚健康表现为一定时间的活力下降、功能和适应能力减退的症状。如果及时进行疏导，会走出亚健康阴影，如果任其发展，则会转成疾病。亚健康高危人群中，糖尿病、高血压、肿瘤多，如果不及时干预，会威胁生命。

(2) 如何预防亚健康。不管何种原因引起的亚健康，不管哪种表现的亚健康，最主要、最本质的是人体自身免疫功能低下，提高自身免疫功能，就能远离亚健康。

首先培养科学的生活方式，合理膳食。增加蛋白质，水果、蔬菜和粗食。适量运动，调整心态，保持身心健康，提高工作效率。培养多种兴趣爱好，保持精力旺盛。

(二) 体育与健康的关系

体育与健康是手段与目的的关系，即以体育运动为手段，以健康为目的。体育锻炼具有深厚的群众基础，是增进健康，增强体质最有效的方法，并且能够起到防治疾病的作用。坚持科学的体育锻炼能达到“健身、健心、健美”的效果。

1. 如何进行体育锻炼 库珀可谓美国知名的预防医学大腕，他长期担任美国总统的私人医生，曾是“有氧健身运动”的首创者。他认为每个人生命的长短和质量完全取决于个人对疾病的预防，而不是医生和其他什么人所能左右得了的；与预防相比，任何挽救生命的医疗措施都显得为时已晚。库珀凭自己的实践经验，向人们阐述了自己对健身运动的观点，只有体育锻炼才是预防疾病和治疗慢性病的有效方法，并且提出：有氧运动是最好的健身方法。

资 料 室

有 氧 运 动

有氧运动是指人体在氧气充分供应的情况下进行的体育锻炼，即在运动过程中，人体吸入的氧气与需求相等，达到生理上的平衡状态。简单来说，有氧运动是指任何富有韵律性的运动，其运动时间较长（15分钟或以上），运动强度在中等或中上。有氧运动的衡量标准是心率，心率保持在150次/分的运动量为有氧运动，因为此时血液可以供给心肌足够的氧气。有氧运动的特点是强度低，有节奏，持续时间较长。要求每次锻炼的时间不少于1小时，每周坚持3～5次。这种锻炼，氧气能充分燃烧（即氧化）体内的糖分，还可消耗体内脂肪，增强和改善心肺功能，预防骨质疏松，调节心理和精神状态，是健身的主要运动方式。常见的有氧运动项目有：步行、快走、慢跑、竞走、滑冰、长距离游泳、骑自行车、打太极拳、跳健身舞、跳绳、做韵律操，球类运动如篮球、足球、排球、乒乓球、羽毛球、网球、柔力球等。

有氧运动除由氧气参与供能外，它还要求全身主要肌群参与，运动连续持续较长时间并且是有韵律的运动。有氧运动能锻炼心、肺，使心血管系统能更有效、快速地把氧传输到身体的每一个部位。

有氧操（有氧健身操）就是具有“有氧运动”特点的健身操，即在音乐的伴奏下锻炼全身的健身运动。它也必须是运动连续时间至少15分钟以上。但是广播操、工间操不是有氧操，广播操、工间操的锻炼效果远没有有氧操的效果大。

（1）有氧健身的作用。有氧运动可以连续地让你的心跳加快，也就是提高你的心率，让心脏得到锻炼，在美国也把有氧运动叫做“心血管运动”。另外

有氧健身操

有氧运动也是消耗能量和体内多余脂肪的重要手段之一。

进行运动健身时，会需要更多的氧气，需要肺部吸入更多的氧气，再由心脏，血管输送到身体的各部分，特别是正在运动中的肌肉中去。经常进行有氧健身可以使身体利用氧气的能力增强。身体健康状况越好，有氧运动的能力也越强，运动的时间可以更长，强度可以更大。换句话说，常进行有氧健身的人，心脏更健康，身体素质也更好。

（2）运动的技巧。人体运动是需要能量的，如果能量来自细胞内的有氧代谢（氧化反应），就是有氧运动；但若能量来自无氧酵解，就是无氧运动。有氧代谢时，充分氧化 1 克葡萄糖，能产生 38 个 ATP（能量单位）的能量；而在无氧酵解时，1 克的葡萄糖仅产生 2 个 ATP。有氧运动时葡萄糖代谢后生成水和二氧化碳，可以通过呼吸很容易被排出体外，对人体无害。然而在酵解时产生大量丙酮酸、乳酸等中间代谢产物，不能通过呼吸排除。这些酸性产物堆积在细胞和血液中，就成了“疲劳毒素”，会让人感到疲乏无力、肌肉酸痛，还会出现呼吸、心跳加快和心律失常，严重时会出现酸中毒和增加肝肾负担。所以无氧运动后，人总会疲惫不堪，肌肉疼痛要持续几天才能消失。

拓展阅读

有氧运动的要领和尺度

[热身]

运动前预热每次运动前需要热身即准备活动，活动关节韧带，抻拉四肢、腰背肌肉。然后从低强度运动开始，逐渐进入适当强度的运动状态。一般指小强度的有氧健身使身体渐入佳境，体温慢慢升高，心率提高，呼吸匀速变快。血液循环快，这样氧和养料就会被输送到心脏和肌肉，为你的运动做好准备，热身活动目的达到后的一个重要标志就是身体微微开始出汗。热身的时间5～10分钟就可以了。天冷时，热身时间要长，并多穿些衣服。

有很多人为了节省时间，不热身就直接进入高强度的有氧训练，如果这样的话，由于心血管系统和肺部还都没有进入状态，体温也比较低，肌肉的柔韧性不好，就很容易造成损伤。另外热身之后再运动，感觉也会好一些，运动时间也可以更长。换句话说，不热身就运动，你更容易疲劳。

[接近而不超过“靶心率”]

一般来说，靶心率为170－年龄。如果你60岁，靶心率就是170－60＝110（次/分），即在运动时，随时数一下脉搏，心率控制在110次/分以下，运动强度就合适，这是指健康的运动者。如果运动时的心率只有70～80次/分，离靶心率相差甚远，就说明还没有达到有氧运动的锻炼标准。

自我感觉是掌握运动量和运动强度的重要指标，包括轻度呼吸急促、感到有点心跳、周身微热、面色微红、津津小汗，这表明运动适量；如果有明显的心慌、气短、心口发热、头晕、大汗、疲惫不堪，表明运动超限。如果你的运动始终保持在“面不改色心不跳”的程度，心率距“靶心率”相差太远，那就说明你的锻炼不可能达到增强体质和耐力的目的，还需要再加点量。

[放松]

与热身有同样的作用，在运动中，血液循环加快，血液的量也增加了，特别是四肢部分。如果马上停止运动，血液会囤积在下肢而给心脏造成多余的负担。严重时会影响到大脑供血，甚至出现眩晕和头昏。所以运动目的达到后应该有5～10分钟的放松，也就是逐步减小运动强度，慢慢地恢复到安静状态。

后发症状即运动过后的不适感觉，也是衡量运动量是否适宜的尺度。一般人在运动之后，可有周身轻度不适、疲倦、肌肉酸痛等感觉，休息后很快会消失，这是正常现象。如果症状明显，感觉疲惫不堪、肌肉疼痛，而且一两天不能消失，这说明中间代谢产物在细胞和血循环中堆积过多。这是无氧运动的后果，你下次运动可就要减量了。

(3) 运动的频率。美国运动医学会推荐正常人应该每周运动 3 至 5 次，如果你以前没有运动习惯，就要从少量开始，每周两次，然后慢慢增加到三四次。初学者常犯的错是开始健身时由于热情高涨，想尽快达到效果，就每天锻炼，每次锻炼的强度也很大，这样做往往会训练过度，短时间内会出现疲劳、失眠、浑身过度酸痛等症状。于是就又会停止下来。其实健身是个长期的习惯，想有健美的体魄，一生都应该坚持健身。最佳体型和健康状况，得要几个月甚至几年的坚持才可以做到。循序渐进才是最佳方案。

循序渐进这是所有运动锻炼的基本原则。运动强度应从低强度向中等强度逐渐过渡；持续时间应逐渐加长；运动次数由少增多。以上这些都要在个人可适应的范围内缓慢递增，不要急于求成。

拓展阅读

健身的方法

[适度锻炼]

大运动量的健身运动有可能会慢慢损伤你的身体，比如，每周跑步超过 24 千米就有些过量了。建议每周锻炼 3～5 次，每次 30～60 分钟。库珀认为，只要适量运动，就可以有效降低患心血管病和癌症的危险。

[疾走健身]

疾走（每 1.6 千米 12 分钟）是一项不错的健身方式，它的效果不比慢跑差，而且还免除了跑步对膝关节的损伤。

[交替锻炼]

比如今天骑自行车，明天慢跑；或者跑步时速度时快时慢，或者每周跳一至两次健身操，一至两次乒乓球。增强对心脏的锻炼。

[不以体重论健康]

锻炼通常能降低体重，但体重并不能说明什么。勤于健身的胖子比坐着不动的瘦子要健康得多。不要为体重超过标准而忧心忡忡。

[多管齐下]

健身是一个系统工程，体育锻炼对身心健康非常必要，但并不是万能。平时还要注意饮食、戒烟去毒（品）、控制饮酒，精神不要过于紧张，注意保持良好的心态。

人在运动时大口大口地呼吸，使空气中的氧气通过肺泡进入到血液循环系统之中，然后随着动脉血流向全身的组织细胞中，这是一个漫长的过程。人在利用氧气的过程中，有一个相当大的时间差，这个时间差就决定了剧烈的、短时间的运动成为无氧运动。而当你运动的时间足够长时，氧气已经溶入细胞中，身体内的葡萄糖得到了充分的"燃烧"，从而转化为新的能量，这样的运动就是有氧运动。有氧运动需要大量呼吸空气，对心、肺是很好的锻炼，可以增强肺活量和心脏功能。

长期坚持有氧运动能增加体内血红蛋白的数量，提高机体抵抗力，抗衰老，增强大脑皮层的工作效率和心肺功能，增加脂肪消耗，防止动脉硬化，降低心脑血管疾病的发病率。减肥者如果在合理安排食物的同时，结合有氧运动，不仅减肥能成功，并且减肥后的体重也会得到巩固。有氧运动对于脑力劳动者也是非常有益的。另外，有氧运动还具备恢复体能的功效。

Ⅱ型糖尿病患者、肥胖症患者以及脂肪肝患者，一定要做有氧运动，患有心律不齐、心脑动脉血管硬化的人，以及年龄大的人，也都应该做有氧运动。如果是为了强壮肌肉、健美体形，预防椎间盘突出症、颈椎病以及骨质疏松、骨质软化的人，应当做无氧运动。

运动前多吃一些富含氨基酸的食物。在脂肪燃烧的同时，肌肉也会收紧而变得酸痛，而在运动前享用些类似海鲜饭团或是麻婆豆腐这样富含氨基酸的食物，就能较好地缓解肌肉的酸痛和僵硬。运动前喝一杯热饮。可以有效地促进新陈代谢，使身体提前预热，在最短的运动时间里发挥出最好的效果。

（4）有氧运动和减肥。有氧运动被公认为是最好的健康减肥的方法。有氧运动并非仅指各种有氧操，还有跑步、骑自行车、游泳、跳绳等耐力性运动项目，并非这些有氧运动没有效果或不适合你，一般来说除非有特别的疾病，有氧运动对每个人改善心肺功能和减脂都有非常好的效果，关键在于：要基于自己原有的体能条件，以及根据自己的运动兴趣来选择有氧运动的种类，要注意有氧减肥的几个要点，为自己设计一个有氧运动处方，因为身体只有自己最了解。

最大心率：最大心率（MHR）为220－年龄；最低心率一般在早晨测试；

保留心率就是最大心率－最低心率；减肥心率也就是有氧运动的心率，范围应该是最低心率＋保留心率×50%至60%；锻炼耐力的心率范围是最低心率＋保留心率×60%至70%。由于最大心率是一个基于生理条件的心跳极限的估算值，故实际强度要因人而异，对于初习者通常可保持在60%～65%MHR即可。如果不顾自己的身体条件一味追求高强度，则将不利于健康。

根据美国运动医学的研究，有氧运动前15分钟，由肝糖原作为主要能源供应，脂肪供能在运动后15至20分钟才开始启动，所以一般都要求有氧运动持续30分钟以上。成年女子800米及男子1 500米跑一般可以达到要求的心率。

拓展阅读

有氧运动知多少

[有氧运动比力量训练在控制体脂方面效果更好]

事实 有氧运动与力量训练结合进行是将体脂控制在理想水平的最好方法。许多人出于以下两点理由，错误地以为单独进行有氧锻炼对控制和减少体脂最有效。

有氧运动首先消耗的是脂肪，而力量训练消耗的是储存在体内的糖。在设定的心率范围之内，45分钟的有氧锻炼要比同样时间的力量训练消耗更多的热量，练练停停的力量训练需要每组之间休息，消耗的热量要少得多。道理是这样的：有氧锻炼能达到消耗热量的目的，但却不能长时间地提高新陈代谢率。力量练习虽不能长时间提高心率，但它却增加了肌肉总量，从而使新陈代谢率得到提高，使人在休息时也能消耗更多的热量。这就是有氧锻炼与力量练习结合进行才是最佳减肥方法的原因。

[有氧运动越多越好]

事实 一件好事做过了可能会变成坏事，导致相反结果。有氧运动也是如此。虽然它不失为一种有效的脂肪消耗办法，但长时间的有氧锻炼消耗的不仅仅是脂肪，而且还包括肌肉：研究发现，两小时中量的有氧锻炼可耗尽体内90%的白氨酸——对肌肉生长非常重要的一种氨基酸。通常情况下，正常的白氨酸水平可防止因锻炼过度引起的肌肉分解。

[低强度的有氧运动消耗更多脂肪]

事实 不正确。减脂的原理在于你每天消耗的热量要多于吸收的热量，较高强度的锻炼比低强度的训练能消耗更多的热量。

运动生理学家发现，运动量达到最大心率的60%时，身体消耗的脂肪比糖（糖原）或蛋白质（肌肉）要多。但如果运动强度再大一些，即最大心率的75%以上时，身体就会直接将脂肪、糖、蛋白质全部作为能量来源。也就是说你练得越苦，消耗的热量也越多。但是，对初练者来说，应遵循循序渐进的原则，逐渐增加运动量，才能有效地提高心肺功能，有可能适应较大强度的运动量。

[先做力量练习，然后有氧锻炼，才能变苗条]

事实 为了消耗更多的热量，在有氧活动中就要一定的强度，理想的方式是达到最大心率的70%以上。而力量练习的目的是增加肌肉，在理想的重量下用正确姿势每组重复6至12次为佳。

最明智的办法是在短暂的热身后先进行力量练习，然后做有氧活动。如果你把有氧活动放在前，由于它可降低肌糖元储备并吞噬掉你的力量，那么你的体重可能不但不减轻，反而会增加。反过来，如果你先进行力量练习，你很快就能达到你所需要的状态，做好有氧运动的准备。

[多做20分钟的有氧练习，把多吃的甜食消耗掉]

事实 如果你为了消耗掉多吃的甜食，偶尔延长有氧锻炼时间不至于有什么不好，但如果成了习惯，结果只能有害无利。假如你经常以延长锻炼时间作为过量饮食的借口，你实际上已把自己置于过度训练的境地中了，那么你的身体根本没有时间从过度训练的疲劳当中恢复过来。

当机体不能适应训练时，要达到增肌及减脂的目的是很困难的。因为过量训练可导致分解代谢激素的过多分泌，这种激素附着在肌肉上，使肌肉不能合成。所以，经常在一餐中过量食用的人，应在下一次有氧训练中稍稍增加点强度，或者减少下一餐的热量摄入。

[进行大量的有氧运动有助于降低不理想的体脂水平]

事实 体脂测验可表示脂肪与其他身体组织（肌肉、骨头等）的比例。减少脂肪的关键之一是拥有更多的肌肉。的确，改善令人沮丧的体型不外乎两种方法，即减掉尽可能多的脂肪，发展尽可能多的肌肉。

选择有氧运动的人当然可以达到减脂目的，但当他们从事过量的有氧练习，将力量练习弃之一旁或进行轻力量练习时，绝对不足以保持肌肉总量，如果肌肉总量减少了，休息状态的新陈代谢率降低，体脂比率将随之上升。要改变脂肪与肌肉比率，应该采用相对重些的力量练习发展并保持肌肉总量。力量练习之后，进行中到高强度的有氧锻炼。

[进行有氧锻炼前，吃一顿健康餐，增加点能量]

事实 锻炼前的进餐内容要看你饭后多长时间去锻炼。如果你的目标是减脂，最好在锻炼前 3 小时摄入营养均衡的一餐；如果你想在有氧锻炼前 1.5～2 小时进餐，应减少进餐量，如果你在 1 小时之内就要进行有氧锻炼，不要摄入碳水化合物。原因是这样的：有氧练习 10～20 分钟后，身体开始消耗脂肪（主要）。而身体能否有效地将脂肪当作燃料消耗则取决于你血液中葡萄糖的含量。显然，如果你摄入的是高碳水化合物，那么血液中的葡萄糖水平也会很高，葡萄糖可以延缓身体把脂肪当作燃料消耗的时间。

[不但可以消耗脂肪，还有利于心脏健康]

事实 美国心脏协会指出，每周 3～4 次、每次至少 30 分钟，以最大心率的 50%～75%锻炼的有氧运动对心脏最有利。它将对心血管系统和心肺功能有积极的改善作用，并显著减少相关疾病的危险。美国心脏协会建议，初练者的运动心率以最大心率的 50%为宜，几周后，强度逐渐增加到最大心率的 75%。总之，训练强度越大。你的体型保持得越好。因为心脏与其他部位一样，也是主要由肌肉组成，它同样需要大强度的练习！关于健身的频率，美国运动医学会推荐正常人应该每周健身 2 至 5 次，如果你以前没有健身习惯，就要从少量开始，每周两次，然后慢慢增加到 3 至 4 次。初学者常犯的错误是开始健身时由于热情高涨，想要尽快达到效果，就一下子每天锻炼，每次锻炼的强度也很大，这样做往往会过度训练，短时间内就会出现疲劳，失眠，浑身过度酸痛等症状。于是就又会停止下来。其实我们应该认识到的是，健身是个长期的习惯，想有健康的体魄，一生都应该坚持健身。最佳体型和健康状况，得要几个月甚至几年的坚持才可以做到。循序渐进才是最佳方案。

2. 体育锻炼对人体的影响

（1）可使身体各部位功能得到充分发展。国内体育科学研究观察，体育锻炼可以提高人体的运动机能和心脏、循环系统的机能。国外科学家还做过一种试验，让健康青年连续躺在床上 9 天，发现他们的心脏循环系统和呼吸系统以及新陈代谢的工作能力平均下降 21%，心脏容积缩小 10%。当今，随着经济与科技的快速发展，电气化、机械化、自动化逐渐代替了人体的大部分动作，使人体的运动在逐渐地减少。而随着人们生活水平的提高，人体内食用的高脂、高糖、高蛋白又因运动的逐渐减少而积聚增多。以上“一少一多”，使人体的正常新陈代谢功能下降，患肥胖症、糖尿病、高血压、脑卒中、心脏病的发病率在逐渐地增多；心脏的功能也会因“一少一多”早衰十年以上，癌症发病概率要比经常运动的人高7倍；动脉硬化、肾病、胆石症、骨质疏松症、精神抑郁症的发病率也在明显升高。

研究表明，运动可延缓皮肤老化：皮肤的健康是人健美的表征。皮肤老化也是肌体衰老的表现。运动可使皮肤血液丰富，血液运送氧气、营养物到达皮肤，使人容光焕发，充满活力，防止衰老。运动可使人精神愉快：运动不仅可以促进人体各种系统功能旺盛、协调；还可以通过运动参与各种社交活动，提高人的生活质量，增加生活乐趣。中老年人参加一些有益于健康的健身运动，对身体各个系统均有颇多裨益。

①心血管系统。运动可增强心血管系统的功能。爱好运动的人心肌收缩有力，排血量增加，营养心脏的冠状动脉的口径会增粗，心脏的供血将会得到改善，全身血管的弹性增强，动脉粥样硬化将会得到延缓，心功能增强，血压与心率对各种情况的适应能力也将增强。

②呼吸系统。运动可改善呼吸功能。人体在运动中需要吸进更多的氧气，排出大量的二氧化碳，因而肺活量增大，残气量减少，肺功能即可增强。呼吸功能好，有利于人体维持旺盛的精力，推迟身体的老化过程。

③消化系统。运动可提高消化系统的功能。人在运动时要消耗一定的能量，运动就增强了体内营养物质的消耗，并使整个机体的代谢增强，从而提高了食欲。运动还促进胃肠蠕动，消化液分泌，肝脏、胰腺的功能也会得到改善，使整个消化系统的功能都得到提高，为中老年人的健康提供良好的物质保证。

④神经系统。运动可以改善神经系统功能。运动是在神经系统支配下的协调活动，坚持运动的中老年人常表现的机体灵活、耳聪目明、精力充沛，这正是神经系统功能健壮的表现。运动可促进脑的血液循环，改善大脑细胞的氧气和营养供应，延缓中枢神经系统的衰老过程，提高其工作效率。这对脑力劳动者来说，尤其重要。反复的肌肉活动训练，使神经系统兴奋和抑制的调节能力更趋完善，从而调节大脑皮层的功能。特别是轻松的运动，可以缓和神经肌肉的紧张，收到放松镇静的效果，对神经官能症、情绪抑郁、失眠、高血压等，都有良好的治疗作用。

⑤运动系统。骨骼的生长发育需要不断地吸收营养物质，体育锻炼能促进血液循环和增加对骨骼的血液供应。运动使肌肉发达，骨质增强。运动本身就是对骨骼的牵拉，正确的运动可以提高肌肉的收缩与舒张能力，肌纤维变粗，肌力增强。同时，体育锻炼中的各种动作，也具有促进骨骼生长的良好刺激作

用。通过科学的体育锻炼会使肌肉体积增大、肌肉中脂肪减少、肌肉毛细血管增多等，使身体显得丰满而结实。运动可以改善全身的血液循环，肌肉、骨骼的营养也得以改善，骨骼的物质代谢增强，使骨骼的弹性及韧性增加，从而延缓了骨的老化过程。并可防止骨质疏松、骨关节退行性改变、关节酸痛等症。

⑥内分泌系统。运动对内分泌系统，特别是对调节新陈代谢起重要作用的垂体——肾上腺系统以及胰腺等消化腺的功能，影响更大，往往获得明显的改善。坚持长期锻炼所出现的身体结构和功能的良好变化，如肌肉的健硕、骨骼的健壮、韧带的柔韧、血管的弹性、心肌的增厚、毛细血管网的增多等，无一不是在内分泌系统的调节下形成的。运动能改善糖代谢，预防糖尿病；运动能降低血胆固醇，防止动脉硬化；运动能促进多余脂肪的利用，防止肥胖等。这些都与内分泌调节功能的改善有关。

⑦对身体新陈代谢的影响。可以通过加速新陈代谢作用不断更新体内物质，彻底排除废物和消耗多余的能量，达到物质和能量代谢的平衡。

⑧免疫系统。当前国内外学者一致认为，体育运动可以调动人体免疫系统的应激能力，使免疫器官延缓衰老，增强免疫功能。

从上述可知，运动对机体各个系统均有颇多益处，18世纪法国医生蒂蓉曾说："运动就其作用来说，几乎可以代替任何药物，但是世界的一切药品并不能代替运动的作用"。

（2）体育运动对促进心理健康的作用。运动不仅能够改善人的机体健康状况，而且对提高心理健康，治疗心理疾病具有十分显著的作用。

（3）体育锻炼可提高人适应社会的能力。体育锻炼是一种社会活动，不仅能锻炼身体，而且在各种锻炼活动中可以促进社会交往和增进友谊，互相交流、学习、取长补短。

（4）干农活不等于体育锻炼。干农活与体育锻炼等同起来，是对体育锻炼不了解所导致的误区。据不完全统计，90%的农民朋友认为干农活也是体育锻炼。任何一种体力劳动总是一部分肌肉活动多一些，另一部分活动相对少一些，长年累月很容易使人感到疲劳甚至患上职业病。而体育锻炼则是全身均衡协调地运动，不仅可以使全身肌肉得到匀称锻炼，增强心肺功能，还有助于消除疲劳、增强体质。

因此，"健康"是体育的终极目的。在新农村中贯彻"健康第一"的指导思想应该确立，培养终身体育的意识和习惯，达到身体全面发展的目的。

3. 运动损伤预防与处理

（1）运动损伤的分类（表5-1）。

表 5-1　运动损伤的分类

分类标准	类　别
按损伤的组织结构分类	关节损伤、肌肉损伤、皮肤损伤、血管损伤、内脏损伤和神经损伤等
按伤后皮肤或黏膜完整情况分类	开放型损伤（伤口与外界相通，如擦伤、刺伤等）、闭合性损伤（伤后皮肤和黏膜仍保持完整，如挫伤、关节扭伤等）
按受伤的轻重程度分类	轻伤（伤后无明显疼痛、肿胀及功能障碍，没有丧失工作能力）、中度伤（伤后有明显疼痛、肿胀及轻度功能障碍，丧失工作能力一天以上，需要到医院治疗）、重度伤（伤后有明显功能障碍，需要住院治疗）
按损伤病程分类	急性损伤（由于瞬间受到直接或间接暴力造成的损伤）、慢性损伤（由于不合理的运动负荷使身体局部过度疲劳，或多次微小的损害累积所造成的损伤）

（2）运动损伤的一般处理方法。

①闭合性软组织损伤。在运动过程中发生挫伤、扭伤、拉伤等闭合性的软组织损伤，在 24 小时内应用冷疗法处理受伤部位。即用毛巾浸透冷水放在受伤部位，大约两分钟更换一次。或者将冰块装入袋中进行外敷，大约 20 分钟。如果不在寒冷的冬季，可以直接用冰块擦伤部，或将受伤部位浸入冷水中。这样可使血管收缩，减轻局部充血，有止血、镇痛、麻醉和防肿的作用。24 小时后出血停止，急性炎症逐渐消退，但伤部仍有淤血和肿胀现象，这时可采用热疗、按摩、拔罐、药物等疗法。

②开放性软组织损伤。开放性软组织损伤的最大特点是有出血和伤口，处理是止血和保护好伤口，避免细菌侵入。小面积的皮肤擦伤，经药水涂抹即可，不需要包扎。面积较大的要用生理盐水清洗干净，可用纱布包扎。

③脱臼。如摔倒时手撑地，有可能导致肘关节或肩关节脱臼。具体表现：受伤关节剧烈疼痛，不能活动，出现关节畸形。如出现这种情况应固定受伤肢体，尽快送医院救治。

④骨折。骨折是由于运动中直接暴力、间接暴力、肌肉强烈收缩造成。骨折的症状有：疼痛、肿胀、皮下淤血、功能丧失、畸形、骨摩擦声等。如发生骨折，要将受伤部位临时固定，不要移动受伤的肢体，以免造成二次伤害，尽快送医院救治。

二、科学的健身方法

（一）散步与跑步

1. 散步　散步的技巧。散步之前，应该使全身自然放松，适当地活动一下肢体，调匀呼吸，平静而和缓，然后再从容展步。散步时宜从容和缓，不宜匆忙，更不宜使琐事充满头脑。“须得一种闲暇自如之态”，百事不思，这样可以使大脑解除疲劳，益智养神，步履宜轻松，周身气血方可调达平和。如普通散步（每分钟60～90步，每次20～40分钟），适合于冠心病、高血压、脑卒中后遗症或呼吸系统疾病、重型关节炎的老年患者；快速散步（每分钟90～120步，每次30～60分钟），适合于慢性关节炎、胃肠道疾病和高血压恢复期的患者；背向散步（两手背放于肾俞穴处，缓步倒退50步后再向前行100步，反复5～10次），适合于健康的老人；摆臂散步（两臂用力前后摆动），可增强肩关节、肘关节、胸廓等部位的活动，每分钟行走60～90步，适合于胃炎及上下肢关节炎、慢性气管炎、肺气肿等患者。

2. 跑步

（1）跑步的技巧。

①落地缓冲。正确的动作是在跑步时，腾空脚落地时要中位脚先着地，脚掌就不要着地。这是对于脚踝、膝盖的一种保护，防止骨膜炎的发生。

②摆臂。摆臂是在跑步过程当中，保持身体的平衡性和协调性，前不露肘，后不露手，自然地随着脚步而摆动。

③抬头挺胸。跑步是保持抬头挺胸有助于改善人体的呼吸循环系统以及建立正常的记住状态。

④呼吸。跑步时的呼吸是深远而悠长的，一般采用鼻吸嘴呼，体力下降较为严重时可以采用嘴吸嘴呼方式。

⑤心率。慢跑作为一种养生的有氧运动，要和快速跑区分开来。慢跑心率律动次数约为：(220－年龄）×60%。

（2）跑步锻炼的好处。

①提高睡眠质量。通过跑步，大脑的供血、供氧量可以提升25%，这样夜晚的睡眠质量也会跟着提高。

②心肺功能增强。肺部的容量平均从5.8升上升到6.2升，心脏跳动的频率和功效都大大提高，心跳、血压和血管壁的弹性也随着升高。

③促进健康。跑步可以促进白血球和热原质的生成，它们能够消除我们体内很多病毒和细菌。

④保持稳固。经常慢跑练习，肌腱、韧带和关节的抗损伤能力会有所加强，减少运动损伤的几率。同时，皮肤、肌肉和结缔组织也可以变得更加牢固。

⑤消除紧张感。慢跑可以抑制肾上腺素和皮质醇这两种造成紧张的激素的分泌，同时可以释放让人感觉轻松“内啡肽”。

⑥保持年轻。经常运动，生长激素（HGH）的分泌增多并且可以延缓衰老。

⑦储存能量。通过跑步，肌肉肝糖原的储存量从350克上升到600克，同时线粒体的数量也会上升。

⑧塑形。通过跑步，女性体内的脂肪含量可以减少12%～20%，男性可以减少6%～13%。

（3）跑步的注意事项。凡是参加健身跑步的人，都应注意坚持经常和循序渐进，特别要注意控制运动量。为确定自己锻炼水平的等级，参加跑步锻炼三至四个月后可进行一些测验，测验时以12分钟跑完的距离为计算等级的起点。30～39岁年龄组的人，12分钟跑完的距离达不到1.5～1.8千米，说明锻炼水平较差；如能达到1.8～2.6千米，说明锻炼水平为良好；如能超过2.6千米，即达到优秀锻炼水平。40～47岁年龄组的人，锻炼水平较差者每12分钟跑完的距离为1.6千米以内；良好者为1.7～2.4千米；优秀者为2.5千米以上。50岁以上较差、良好和优秀者每12分钟跑完的距离则分别为1.5千米以内、1.6～2.4千米和2.5千米以上。

（二）爬山

爬山是一项运动，既可以锻炼身体，又可以陶冶情操。爬山需要有坚持不懈的耐力。爬山作为一种户外运动，对身体的有利因素是多方面的。它既是有氧运动，又有力量练习的成分，而且运动量、运动强度可以根据自己的体力、身体素质进行调节。

1. 爬山的技巧

（1）做好热身运动。在爬山之前做一些热身运动即利用10～20分钟做一些肌肉伸展运动，这样攀登时会觉得轻松许多。增加弹跳动作：向上攀登时，在每一步中都有意增添一些弹跳动作，不仅省力，还会使人显得精神，充满活力。

（2）别总往高处看。登山时不要总往高处看，尤其是登山之初，因为你的双腿还没有习惯攀登动作，往往有很强烈的疲惫感。一般来说，向上攀登时，目光保留在自己前方3～5米处最好。如果山路比较陡峭，则可作“Z”字形攀登，这样比较省力。

（3）转移注意力。登山时千万不要总是想着山有多高，爬上去还需多少时间之类的事情。不慌不忙，走走停停才能体会到爬山的乐趣，不会错过美丽的风景。在疲惫时，可以多观赏一下周围的景色，也可唱唱歌，转移注意力，倦意会有所消减。

（4）下山要放松。下山一定要控制住自己的脚步，切不可冲得太快，这样很容易受伤。同时，注意放松膝盖部位的肌肉，绷得太紧会对腿部关节产生较大的压力，使肌肉疲劳。

2. 爬山的好处　双脚灵活有力，可促进毛细血管功能，感觉全身舒爽，可以强筋健骨。进入森林，跋山涉水，静思养神，全身沐浴森林的精气和香气，洗净城市尘嚣，心旷神怡。可提高腰、腿部的力量，行进的速度、耐力，身体的协调平衡能力等身体素质，加强心、肺功能，增强抗病能力。

3. 爬山的注意事项

（1）不要冒险，结伴而行。爬山往往要跨涧、过崖，所以必须坚持安全第一的原则，若遇意外，头脑要保持清醒，报警求援。

（2）准备工作要充分。爬山之前要准备好服装和鞋，尽量轻装上阵，少带杂物。携带一些备用药品，如创可贴、人丹、藿香正气水、风油精、红花油等。

（3）爬山途中出现气喘、缺氧时，不可勉强登进，可在原地停歇，并做10～12次深呼吸，直至呼吸恢复均匀后，再慢速前进。

（4）肺心病、慢性气管炎、血液病、痛风、红斑狼疮、肝硬化患者不宜爬山，如果执意要爬山，请记住一定要慢爬，而且不必强求登到山顶。

（三）骑自行车

骑自行车和跑步、游泳一样，是一种最能改善人们心肺功能的耐力性锻炼。特别是在乡村骑行，呼吸新鲜空气，心情舒畅，是一种美的享受。

1. 骑自行车的好处

（1）能预防大脑老化，提高神经系统的敏捷性。现代运动医学研究表明，骑自行车是异侧支配运动，两腿交替蹬踏可使左、右侧大脑功能同时得以开发，防止其早衰及偏废。

（2）能提高心肺功能，锻炼下肢肌力和增强全身耐力。骑自行车运动对内脏器官的耐力锻炼效果与游泳和跑步相同。此项运动使下肢髋、膝、踝3对关节和26对肌肉受益，还可使颈、背、臂、腹、腰、腹股沟、臀部等处的肌肉、关节、韧带也得到相应的锻炼。

（3）能减肥。骑自行车时，由于周期性的有氧运动，使锻炼者消耗较多的热量，可收到显著的减肥效果。

（4）能益寿延年。根据国际有关委员会的调查统计，在世界上各种不同职业人员中，以邮递员的寿命最长，原因之一就是他们在传递信件时

骑自行车

常骑自行车的缘故。

2. 注意事项 进行骑自行车锻炼时，要注意正确的骑车姿势。首先要调整好自行车鞍座和把手。调整鞍座的高度可以避免大腿根部内侧及会阴部的擦伤或皮下组织瘤样增生。调整把手可以有助于找到避免疼痛的良好姿势。踩踏脚板时，脚的位置一定要恰当，用力要均匀，如果脚的位置不当，力量分布不均匀，就会使踝关节和膝关节发生疼痛。此外，注意一定的节奏，可采取快骑与慢骑交替进行。

（四）踢毽子

踢毽子

踢毽子“对活动关节，加强韧带、发展灵敏和平衡有良好的作用”。踢毽子以下肢肌肉的协调运动为主，功夫在脚上。盘、绷、拐、磕、抹、背、勾、踹，转身稳步，起跳骗腿，前合后仰，在他人看来，就像欣赏跳舞。髋关节、膝关节、踝关节等，以纵轴为中心摆动，带动远端供血最困难、动作难度最大的部位，增强了肌肉的力量和相应关节的柔韧性。

踢毽子要求人的思想高度集中。瞬间完成踢的动作，技术到位，动作准确，毽子才能遂心着意。大脑皮层势必建立起新的兴奋灶，转移思维，“换换脑子”。对于调节高级神经活动、化解心理压力十分有益。毽子虽小，娱乐和艺术等功能俱全，魅力十足。要求心到、眼到、脚到，反应要灵敏，动作要迅速，相互配合要心领神会。很多人把踢毽子又叫“走毽儿”。大家围在一起，你一脚，我一脚，飞舞的毽子牵动着所有人的眼球，调动着所有人的责任感，激发所有人团结进取的精神；稍微的不小心都会造成毽子起落中断。其间有说有笑，有喊有叫，有争有让，气氛融洽、热烈；一旦落地，一片哗然，一片惋惜。心态的调整寓于小小毽子的腾飞起落。

（五）跳健身舞

随着人们主体意识，参与意识的增加和广场文化活动的广泛开展，健身舞正越来越受到社会各界的关注和重视。成为农村文化生活中不可或缺的重要形式和内容。

健身舞

1. 健身舞的练习方法　根据一套动作的难易、学习全套动作的安排、锻炼者的体育运动水平及掌握动作熟练程度等情况，可选用下列教习方法。

（1）分节练习法，即每节动作分别练习，常在新学一套动作、成套动作不熟练及动作变化较复杂的情况下采用。

（2）分段练习法。是将全套动作分成几段，每次专门练习一段的各节动作，最后将各段连接起来练习为成套动作。常为分段熟记和提高动作质量时采用。每段练习又可采用分节和连续练习方法。

（3）积累练习法，即从第一节开始，先本节单独练习一次，接着与前面的节数连起来练一次，依次练完全套动作。常为提高全套动作连接和熟记动作时采用。在返练前面节数时，又可采用分节和连续练习方法。

（4）连续练习法，即全套动作从开始至最后一节不停地连续完成。常在动作较熟练和加大身体负荷时采用。

（5）断连练习法，即在全套动作连续完成过程中，其中某一、两节动作暂停采用分节练习。常在全套动作基本熟悉、个别节的动作掌握不好时采用，以强化某节练习。

（6）重复练习法，即每节动作先练二八拍后进行纠正，接着再重复练习二八拍。常在学习新动作或较复杂动作时采用。

（7）对称练习法，即一节动作中，按左右路或前后排，在动作方向、部位、方法等方面相对称地练习。常在动作熟练时，为提高练习难度、兴趣及配合能力而采用：对称方法可采用面对、侧对、背对、起伏、转动、移动等来做。

2. 跳健身舞的注意事项

（1）跳健身舞的时间。有些人为了跳广场舞，一大早就起床，连早饭都不吃；还有些人，在晚上要跳到很晚才回家睡觉，这都是不可取的。空腹跳广场舞，可能导致低血糖的发生。久而久之还会导致多种慢性疾病的发生，最好饭后1小时再去跳舞，每次跳，别超过1小时。

（2）跳健身舞的穿着。跳健身舞时，一定要穿软底的防滑鞋，以免摔倒，好的运动鞋还能对跳舞时产生的冲击力有所缓冲，对心脏、大脑起到保护作用。

（六）武术

武术、拳法和操练兵器的技术，是中国传统的体育项目。武术具有极其广泛的群众基础，是中国人民在长期的社会实践中不断积累和丰富起来的一项宝贵的文化遗产。

1. 练武术的好处

（1）强身健体，陶冶情操。武术套路运动其动作包含着屈伸、回环、平衡、跳跃、翻腾、跌扑等，人体各部位几乎都要参与运动。系统地进行武术训练，对人体速度、力量、灵巧，耐力、柔韧等身体素质要求较高，人体各部位“一动无有不动”，几乎都参加运动，使人的身心都得到全面锻炼。实践证明，对外能利关节，强筋骨，壮体魄；对内能理脏腑，通经脉，调精神。武术运动讲究调息行气和意念活动，对调节内环境的平衡，调养气血，改善人体机能，健体强身十分有益。

武术不仅能够健身，而且富有浓郁的艺术色彩。表现在运动中攻与防、虚与实、刚与柔、开与合、快与慢、动与静、起与伏等交替变化形成的强烈的动感、均衡的势态、恰当的节奏、和谐的韵律，百看不厌。使人的情操在演练中受到陶冶，提高自身的修养和审美能力。

（2）磨炼意志，教武育人。练习基本功，要不断克服疼痛关，“冬练三九、夏练三伏”，常年有恒，培养坚持不懈的意志品质。套路练习，要克服枯燥关，培养吃苦耐劳，砥砺精进，永不自满的品质。遇到强手克服消极逃避关，锻炼勇敢无畏、坚韧不屈的战斗意志。长期锻炼，培养人们勤奋、刻苦、果敢、顽强、虚心好学、勇于进取的良好习性和意志品德。

(3) 交流技艺，增进友谊。武术运动蕴涵丰富，技理相通，入门之后会有“艺无止境”之感。群众性的武术活动，便成为人们切磋技艺，交流思想，增进友谊的良好手段。

2. 武术的基本动作

(1) 手型：拳、掌、勾。

拳　　掌　　勾

手型

动作要领：

拳：4 指并拢卷握，拇指紧扣食指和中指的第 2 指节，拳面要平，拳握紧。

掌：4 指并拢伸直，拇指弯曲紧扣于虎口处。

勾：5 指第 1 指节捏拢在一起，屈腕。

(2) 步型：弓步、仆步、虚步、歇步、马步。

弓步　　仆步　　虚步　　歇步　　马步

步型

动作要领：

弓步：前腿屈膝半蹲，大腿接近水平，膝与脚尖垂直，鼻尖对正前脚尖，后腿挺膝伸直，脚尖内扣，两脚全脚着地。要求与要点：前腿弓，后腿绷；挺胸、塌腰、沉髋；前脚尖和后脚跟成一直线。

仆步：一腿屈膝全蹲，脚尖稍外展，另一腿伸直平铺地面，脚尖内扣，两脚全掌着地。仆左腿为左仆步；仆右腿为右仆步。要求与要点：挺胸、塌腰、沉髋。

虚步：两脚前后开立，重心落在后腿上，屈膝半蹲，脚尖外展45°；前脚向前伸出，膝关节微屈，脚尖稍内扣，虚点地面。左脚在前为左虚步；右脚在前为右虚步。要求与要点：挺胸、塌腰、虚实分明。

歇步：两腿交叉靠拢全蹲，前脚全脚着地，脚尖外展，后脚前脚掌着地，膝部贴于前脚外侧，臀部坐于后腿接近脚跟处。左脚在前为左歇步，右脚在前为右歇步。要求与要点：挺胸、塌腰、两脚靠拢并贴紧。

马步：两脚平行开立（约为本人脚长3倍），两脚屈膝半蹲，大腿接近水平，全脚着地，身体重心落于两脚之间。要求与要点：挺胸、塌腰、展髋、裹膝，脚跟向外蹬。

3. 太极拳

（1）演练太极拳的注意点。

①心静体松。所谓“心静”，就是在练习太极拳时，思想上应排除一切杂念，不受外界干扰；所谓“体松”，可不是全身松懈疲沓，而是指在练拳时保持身体姿势正确的基础上，有意识地让全身关节、肌肉以及内脏等达到最大限度的放松状态。

②圆活连贯。“心静体松”是对太极拳练习的基本要求，而是否做到“圆活连贯”才是衡量一个人功夫深浅的主要依据。太极拳练习所要求的“连贯”是指多方面的。其一是指肢体的连贯，即所谓的“节节贯穿”。肢体的连贯是以腰为枢纽的。在动作转换过程中，则要求：对下肢，是以腰带跨，以跨带膝，以膝带足；对上肢，是以腰带背，以背带肩，以肩带肘，在以肘带手。其二是动作与动作之间的衔接，即“势势相连”——前一动作的结束就是下一个动作的开始，势与势之间没有间断和停顿。而“圆活”是在连贯基础上的进一步要求，意指活顺、自然。

③虚实分明。要做到“运动如抽丝，迈步似猫行”，首先要注意虚实变换要适当，是肢体各部在运动中没有丝毫不稳定的现象。若不能维持平衡稳定，就根本谈不上什么“迈步如猫行”了。一般来说，下肢以主要支撑体重的腿为实，辅助支撑或移动换步的腿为虚；上肢以体现动作主要内容的手臂为实，辅助配合的手臂为虚。总之虚实不但要互相渗透，还需在意识指导下变化灵活。

④呼吸自然。太极拳练习的呼吸方法有自然呼吸、腹式顺呼吸、腹式逆呼吸和拳势呼吸。以上几种呼吸方法，不论采用哪一种，都应自然、匀细，徐徐吞吐，要与动作自然配合。初学者采用自然呼吸。

（2）24式太极拳。24式太极拳是国家本着弘扬国粹、发扬传统武术的指导思想，编制的一套入门级的太极拳，它动作简练，浓缩了传统太极拳的精华，老少皆宜。24式太极拳口诀如下：

起势野马鹤亮翅（第一组）
搂膝琵琶倒卷肱（第二组）
揽雀单鞭三云手（第三组）
单鞭探马右蹬脚（第四组）
双峰贯耳左蹬脚（第五组）
左右下势后独立（第六组）
穿梭海底闪通臂（第七组）
搬拦封闭十字收（第八组）

练　一　练

24式简化太极拳套路图示动作

1. 起势　①两脚开立，②两臂前举，③屈膝按掌。

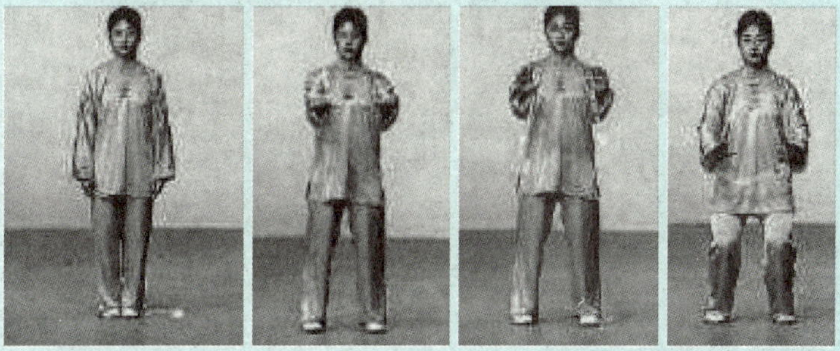

起　势

2. 野马分鬃

A. ①收脚抱球，②左转出步，③弓步分手。

B. ①后坐撇脚，②跟步抱球，③右转出步，④弓步分手。

C. ①后坐撇脚，②跟步抱球，③左转出步，④弓步分手。

野马分鬃

3. 白鹤亮翅 ①跟半步胸前抱球，②后坐举臂，③虚步分手。

白鹤亮翅

4. 搂膝拗步

A. ①左转落手，②右转收脚举臂，③出步屈肘，④弓步搂推。

B. ①后坐撇脚，②跟步举臂，③出步屈肘，④弓步搂推。

C. ①后坐撇脚，②跟步举臂，③出步屈肘，④弓步搂推。

搂膝拗步

5. 手挥琵琶 ①跟步展手，②后坐挑掌，③虚步合臂。

手挥琵琶

6. 倒卷肱 ①两手展开，②提膝屈肘，③撤步错手，④后坐推掌。动作重复三次。

倒卷肱

7. 左揽雀尾 ①右转收脚抱球，②左转出步，③弓步绷臂，④左转随臂展掌，⑤后坐右转下捋，⑥左转出步搭腕，⑦弓步前挤，⑧后坐分手屈肘收掌，⑨弓步推掌。

左揽雀尾

8. 右揽雀尾 ①后坐扣脚，右转分手，②回体重收脚抱球，③右转出步，④弓步绷臂，⑤右转随臂展掌，⑥后坐左转下捋，⑦右转出步搭腕，⑧弓步前挤，⑨后坐分手屈肘收掌，⑩弓步推掌。

右揽雀尾

9. 单鞭 ①左转扣脚，②右转收脚展臂，③出步勾手，④弓步推举。

10. 云手 ①右转落手，②左转云手，③并步按掌，④右转云手，⑤出步按掌。动作重复两次。

11. 单鞭 ①斜落步右转举臂，②出步勾手，③弓步按掌。

单　鞭

云　手

单　鞭

12. 高探马 ①跟步后坐展手，②虚步推掌。

高探马

13. 右蹬脚 ①收脚收手，②左转出步，③弓步划弧，④合抱提膝，⑤分手蹬脚。

右蹬脚

14. 双峰贯耳 ①收脚落手，②出步收手，③弓步贯拳。

双峰贯耳

15. 转身左蹬脚 ①后坐扣脚，②左转展于，③回体重合抱提膝，④分手蹬脚。

转身左蹬脚

16. 左下势独立　①收脚勾手，②蹲身仆步，③穿掌下势，④撇脚弓腿，⑤扣脚转身，⑥提膝挑掌。

左下势独立

17. 右下势独立　①落脚左转勾手，②蹲身仆步，③穿掌下势，④撇脚弓腿，⑤扣脚转身，⑥提膝挑掌。

右下势独立

18. 右玉女穿梭　①落步落手，②跟步抱球，③右转出步，④弓步推架。

右玉女穿梭

19. 左玉女穿梭　①后坐落手，②跟步抱球，③左转出步，④弓步推架。

左玉女穿梭

20. 海底针　①跟步落手，②后坐提手，③虚步插掌。

海底针

21. 闪通臂　①收脚举臂，②出步翻掌，③弓步推架。

闪通臂

22. 转身搬拦捶　①后坐扣脚右转摆掌，②收脚握拳，③垫步搬捶，④跟步旋臂，⑤出步裹拳拦掌，⑥弓步打拳。

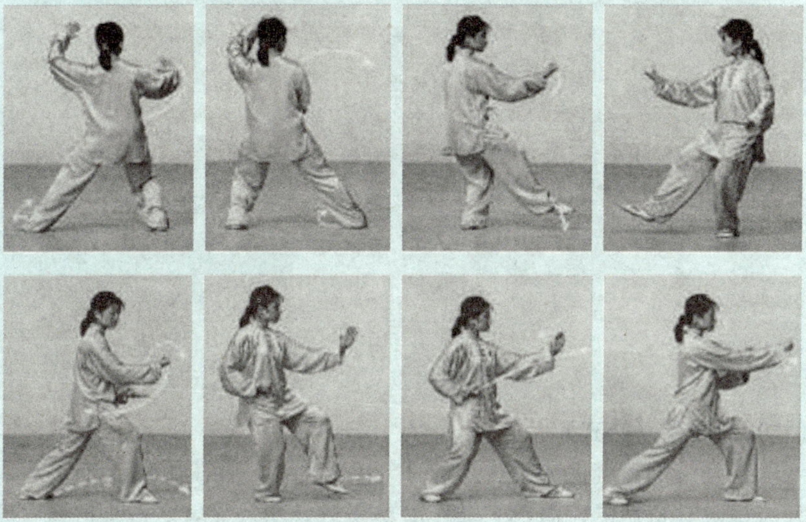

转身搬拦捶

23. 如封似闭　①穿臂翻掌，②后坐收掌，③弓步推掌。

如封似闭

24. 十字手　①后坐扣脚，②右转撇脚分手，③移重心扣脚画弧，④收脚合抱，⑤旋臂分手，⑥下落收势。

收势　并脚还原。左脚轻轻收回，恢复成预备姿势。

十字手

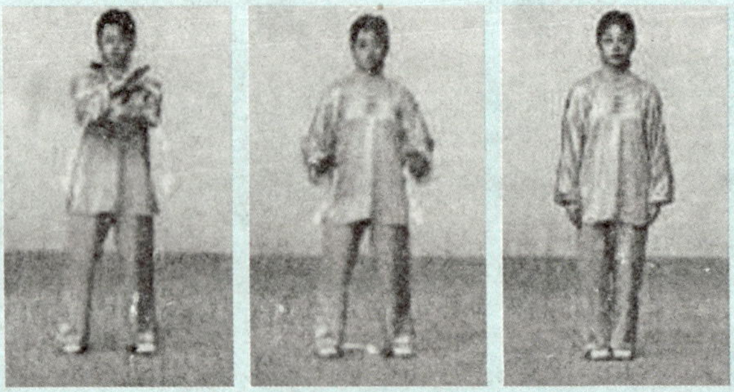

收 势

（七）八段锦（站式）

八段锦是中国传统保健功法，形成于12世纪，后在历代流传中形成许多练法和风格各具特色的流派，它动作简单易行，功效显著。古人把这套动作比喻为“锦”，意为动作舒展优美，如锦缎般优美、柔顺，又因为功法共为八段，每段一个动作，故名为“八段锦”。

练 一 练

● 预备势

［方法］并步站立，重心移至右腿，左脚向左提起（吸），下落成开立步（呼）；两臂内旋，两掌分别向斜下两侧摆起，掌心向后（吸），两腿微屈，同时两臂外旋向前合抱于腹前（呼）。要求全身放松，平心静气，顺项提顶，沉肩垂肘，意守丹田。

［说明］预备势采用自然呼吸方法，形成预备势静立桩时再做一到两次循环性呼吸，这样有利于调节身体松静和气血的运行，为双手托天理三焦动作做好身心准备。

1. 双手托天理三焦 自然站立，两足平开，与肩同宽，含胸收腹，腰脊放松。抬头平视，口齿轻闭，宁神调息，气沉丹田。双手自体侧缓缓举至头顶，转掌心向上，用力向上托举，足跟亦随双手的托举而起落。托举六次后，双手转掌心朝下，沿体前缓缓按至小腹，还原。

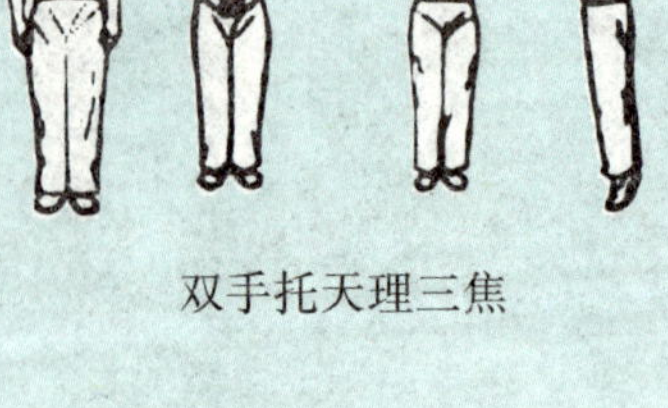

双手托天理三焦

［方法］两腿微屈，两手插掌，两腿徐缓挺膝伸直，两手上托经胸前内旋向上托起至两手心朝上（吸），两臂继续上托，肘关节伸直，舒胸展体（闭气）略有停顿；身体重心缓缓下降，双手分开，两臂分别向身体两侧下落捧于腹前（呼）。

［作用］通三焦经、心包经，促进全身气血循环，改善各种慢性病症状。

［说明］双手托天理三焦每一个完整动作（上托、撑臂、下落）作为一个呼吸循环。本节呼吸是以上肢动作为主，吸气时腹肌收缩凹腹隆胸，意念是将丹田之气提至膻中，呼气时腹肌舒张凸腹陷胸，意念是将膻中之气沉入丹田。这样往返推动内气的升降鼓荡，可以按摩胸腹两腔脏器，增加内气。其实不论是腹式呼吸还是逆呼吸，都是气体在肺脏运动推动横膈肌上下运动。闭气的目的是将引入中上丹田的气血更加充润，通过呼气使全身气血调和顺畅。

2. 左右开弓似射雕　自然站立，左脚向左侧横开一步，身体下蹲成骑马步，双手虚握于两髋之外侧，随后自胸前向上划弧提于与乳平高处。右手向右拉至与右乳平高，与乳距约两拳许，意如拉紧弓弦，开弓如满月；左手捏箭诀，向左侧伸出，顺势转头向左，视线通过左手食指凝视远方，意如弓箭在手，等机而射。稍作停顿后，随即将身体上起，顺势将两手向下划弧收回胸前，并同时收回左腿，还原成自然站立。此为左式，右式反之。左右调换练习六次。

左右开弓似射雕

［方法］（左开弓）身体重心右移，左脚向左开立；同时两掌向上交叉于胸前（吸），两腿徐缓屈膝成马步，两手开弓（呼）。收脚还原：身体重心右移，抬起左脚向右脚靠拢；同时右掌向上向右向下划弧（吸），左脚并步伸直；同时两掌分别由两侧下落捧于腹前（呼）。右开弓的呼吸方法同左开弓。

［作用］疏通肺经，同时治疗腰腿、手臂、头眼部等疾病。

［说明］其中搭腕与马步开弓为大呼吸，并步与上肢划弧为小呼吸。小呼吸动作较小，呼吸深度较浅，呼吸节奏稍快。本节呼吸以上肢动作为主。

3. 调理脾胃须单举 自然站立，左手缓缓自体侧上举至头，翻转掌心向上，并向左外方用力举托，同时右手下按附应。举按数次后，左手沿体前缓缓下落，还原至体侧。右手举按动作同左手，方向相反。

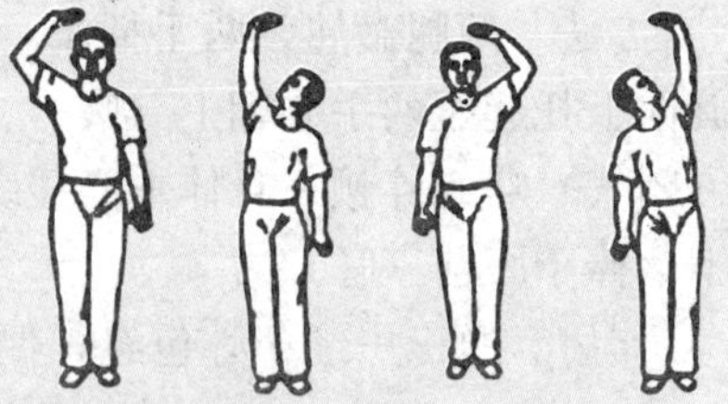

调理脾胃须单举

［方法］（左单举）两腿徐缓挺膝伸直，左掌上托至头上，掌心朝上；同时右臂内旋，掌心朝下（吸）。左上撑，右下按，力达两掌根，舒胸展体，拔长左腰体（暂时闭气）；松腰沉髋，身体重心缓慢下落；左臂屈肘外旋左掌经面前落于腹前（呼）。右单举呼吸方法同左单举。

［作用］调和脾胃两经的阴阳，增强人体正气，主治脾胃不和之症。

［说明］调理脾胃须单举，左右两式各为一个呼吸循环，中间加插一个闭气。

4. 五劳七伤望后瞧 自然站立，双脚与肩同宽，双手自然下垂，宁神调息，气沉丹田。头部微微向左转动，两眼目视左后方，稍停顿后，缓缓转正，再缓缓转向右侧，目视右后方稍停顿，转正。反复六次。

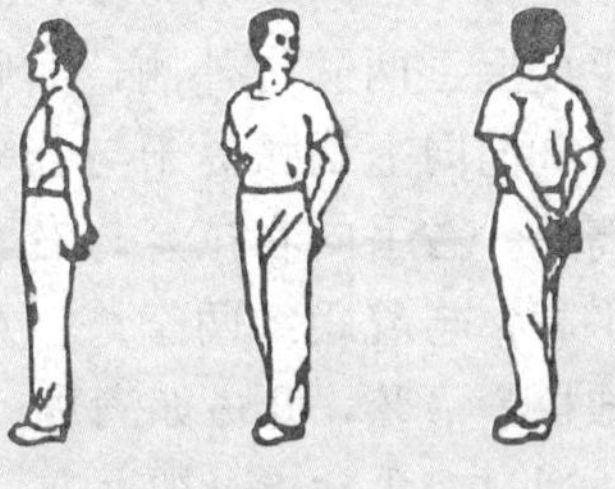

五劳七伤望后瞧

［方法］（左后瞧）两腿徐缓挺膝伸直，两臂充分外旋，掌心向外旋，头向左后转（吸）；松腰沉髋，身体重心缓缓下降，两膝关节微屈，两臂内旋按于髋旁（呼）。右后瞧呼吸方法同左后瞧。

［作用］疏通带冲二脉及胆经，治疗劳损引起的颈椎和腰椎疾病。

［说明］五劳七伤往后瞧，左右两式各为一个呼吸循环。呼吸时，通过两臂的伸展外旋与内旋，带动肋间肌收缩而上提肋骨，使胸腔的上下、左右、前后经扩大与缩小，以增加肺活量。

5. 攒拳怒目增气力 两足横开，两膝下蹲，呈“骑马步”。双手握拳，拳眼向下。顺势头稍向左转，两眼通过左拳凝视远方，右拳同时后拉。与左拳出击形成一种“争力”。随后，收回左拳，击出右拳，要领同前。反复六次。

［方法］（左攒拳）接上动，身体重心右移，左脚向左开步（吸）；两脚徐缓屈膝半蹲成马步，两手抱拳于腰间（呼）；身体重心微微提起（吸）；屈膝成马步的同时，左拳徐缓用力向前冲出（呼）；左拳变掌外缠绕（吸）；左掌变拳屈肘回收至腰间（呼）。

攒拳怒目增气力

［作用］疏通肝经、胆经，治疗气血两虚、头昏目眩、头重脚轻，增强臂力、腰力、腿力和眼力。

［说明］右攒拳的呼吸方法同左攒拳，每一次攒拳旋腕动作需要两个呼吸循环。

6. 两手攀足固肾腰　松静站立，两足平开，与肩同宽。两臂平举自体侧缓缓抬起至头顶上方转掌心朝上，向上作托举劲。稍停顿，两腿绷直，以腰为轴，身体前俯，双手顺势攀足，稍作停顿，将身体缓缓直起，双手顺势起于头顶之上，两臂伸直，掌心向前，再自身体两侧缓缓下落于体侧。

两手攀足固肾腰

［方法］①过渡式，两腿挺膝伸直收左脚开步站立，两手经侧上举（吸）；两臂屈肘，两掌下按胸前落于体侧（呼）。②两臂上举（吸）；两臂屈肘，两掌下按经胸前（呼）；两掌心旋向上，掌指顺腋下向后插沿脊柱两侧向下摩运至臀部（吸）；上体前俯，两掌沿两腿后向下摩运经脚两侧置于脚面（呼）。

［作用］通肾经和膀胱经，强筋骨、固腰肾，治疗腰酸背痛、手脚麻木、腰膝酸软等症状。

［说明］每做一组两手攀足固肾腰动作需要两个呼吸循环。

7. 摇头摆尾去心火　两足横开，双膝下蹲，成“骑马步”。上体正下，稍向前探，两目平视，双手反按在膝盖上，双肘外撑。以腰为轴，头脊要正，将躯干划弧摇转至左前方，左臂弯曲，右臂绷直，肘臂外撑，臀部向右下方撑劲，目视右足尖；稍停顿后，随即向相反方向，划弧摇至右前方。反复六次。

［方法］①过渡式，身体重心左移，左脚向左大开立；同时两掌上托至头上方（吸），两腿徐缓屈膝下蹲成马步；同时两臂向两侧下落两掌附于膝关节上方（呼）。此式呼吸以上肢动作为主。②身体重心稍升起（吸），而后右移，身体躯干向右倾，随之俯身（闭气）；身体重心左移，上体由右向前向左旋转（呼）；重心移至双腿，头向后旋摇（吸），上体下沉成马步（呼）。左摇头摆尾没有过渡式，呼吸方法同右式。

摇头摆尾去心火

［作用］通心包经、心经、小肠经，治疗心火旺所致的气血两虚、头昏目眩和脚步不稳，增强腰力、腿力和眼力。

［说明］左右两式各为两个呼吸循环。

8. 背后七颠百病消　两足并拢，两腿直立、身体放松，两手臂自然下垂，手指并拢，掌指向前。随后双手平掌下按，顺势将两脚跟向上提起，稍作停顿，将两脚跟下落着地。反复练习六次。

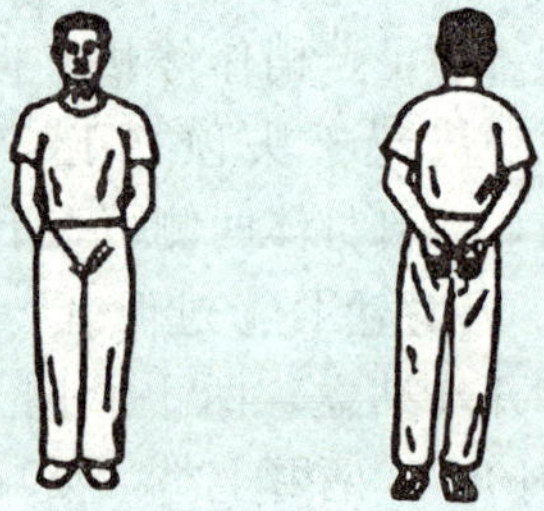

背后七颠百病消

［方法］接上动，身体重心右移左脚并步（吸）；并步直立两拳变掌收于体侧（呼）；两脚跟提起，头上顶（吸）。两脚跟下落震动地面（呼）。

［作用］利用颤足使得脊柱得以轻微的伸展和抖动，去邪扶正，接通任督二脉，贯通气血，消除百病。

［说明］每一次提踵与下震，需要一次呼吸循环。

● 收势

［方法］两臂内旋，向两侧摆起（吸）；两臂屈肘，两掌相叠置于丹田处（呼）。两臂自然下落还原时则体态安详，周身放松，呼吸自然。

［说明］收势动作在时间上可以稍微延长，增加两次呼吸循，后采用自然呼吸。

（八）五禽戏

五禽戏

“五禽戏”是我国后汉时期，名医华佗总结了前人模仿禽兽动作锻炼身体的经验，模仿虎、鹿、熊、猿、鸟五种动物的形态和神态，发展成为一种行之有效的医疗体育和健身运动。从古至今，广为流传，深为我国人民所喜爱。

“五禽戏”动作比较简单，运动量比较小，适合于年老体弱者选练。

练一练

1. 虎形

预备式　两臂自然下垂，颈自然竖直，面部自然，眼向前平视，口唇闭合，舌尖轻抵上颚。不用挺胸或拱背。两脚跟靠拢成立定姿势，全身放松。站立片刻然后做下列动作：

（1）左式。

①两腿慢慢向下弯曲，成半蹲姿势，体重慢慢移往右腿，左脚靠在右腿踝关节处，脚跟稍离地抬起，脚掌虚点着力，成右独立步。同时两掌握拳，提至腰腹两侧，两掌心向上，眼看左前方。

②左脚向左前方斜出一步，右脚也随之跟进半步，两脚跟前后相对，相距约30厘米，体重坐在右腿，成左虚步。同时两拳顺着胸部向上提，拳心向里，提至口前向里翻转变掌，向前伸按而出。高与胸齐，掌心向前，指尖朝上，两虎口相对，眼看左手食指尖。

（2）右式，同左式左右方向相反。

①左脚向前垫半步，右脚随之跟到左腿踝关节处，两腿靠拢，右脚跟稍离地抬起，右脚掌虚点着力，两腿屈膝半蹲，体重移至左脚。成左独立步。同时两掌变拳撤回到腰间腹部两侧，拳心向上，眼看右前方。

②右脚向右前方斜进一步，左脚跟进半步，两足跟前后相对，相距约30厘米，体重在左腿上，成右虚步。同时两拳顺着胸部向上提，拳心向里，提至口前向里翻转变掌向前伸按推出，高与胸齐，掌心向前，指尖朝上，两虎口相对，眼看右手食指尖。

(3) 左式。

①右脚向前垫半步，左脚也随之跟到右腿踝关节处，脚跟离地抬起，脚尖虚点着力，两腿屈膝半蹲，成右独立步。间时两掌变拳撤至腰间腹部两侧，拳心向上，眼看左前方。

②完全与前左式②的动作相同。

如此左式、右式的反复虎扑，次数不限。练时要协调敏捷，沉着勇猛，做到“手起而钻，手落而翻，手足齐落，挺腰伸肩”，这样虎形神态就基本具备了。

2. 鹿形

● **预备式** 同虎形。

(1) 右腿屈曲，上身后坐，左腿前伸，膝稍屈，左脚虚踏，成左虚步。左手前伸，微屈肘,掌心向下。置于左肘内侧,两掌心前后遥遥相对。

(2) 两臂在身前逆时针同时旋转，左手绕环较右手大些。关键在于两臂绕环不是肩关节为主的活动，而是在腰胯带动下完成的。手臂绕大环，尾闾绕小环，即所谓“鹿运尾闾”。主要是活动腰胯，借以强腰肾，促进盆腔内的血液循环，并锻炼腿力。

(3) 如此运转若干次后，右腿前迈，体重坐于左腿上，右手前伸，左手护右肘，顺时针方向绕环若干次。如此左右互换，反复做数遍。

3. 熊形

● **预备式** 两脚平行分开自然站立，距离与肩同宽，两臂自然下垂，做3～5次深呼吸后，再做下列动作。

(1) 屈右膝，右肩向前下晃动，手亦随之下沉。左肩稍向后外舒展，左臂稍随之上抬。

(2) 屈左膝，左肩向前下晃动，手亦随之下沉。右肩则稍向后外舒展、右臂稍随之抬高。

如此反复晃动，次数不拘，有健脾胃、助消化、活动关节等功效。

4. 猿形

● **预备式** 同虎形。

（1）两腿慢慢向下弯屈，左脚向前轻灵迈出，同时左手沿胸前上提至与口平，掌心向下，迅速向前伸出如取物之状，将到达终点时由掌变爪，手腕随之自然下垂，并迅速缩回。

（2）右脚向前轻灵迈出，左脚随之稍跟，脚跟抬起，脚掌虚点着力，同时右手沿胸前提至与口平，掌心向下，向前如取物样伸出，将到达终点时，由掌变爪形，腕随之下垂，同时左手收回至左胁下。

（3）左脚往后稍退踏实，身体后坐，右脚随之也稍退，脚尖点地。同时左手沿胸前提至与口平，向前如取物样伸出，将达终点时由掌变爪形，腕随之下垂。同时右手收回至右胁下。

（4）右脚向前轻灵迈出，其他动作同（2）。

（5）左脚向前轻灵迈出，其他动作同（1）。

（6）右脚往后稍退踏实，其他动作同（3），左右方向相反。

以上（1）～（6）项动作，反复练习数遍。

5. 鸟形

● **预备式** 同虎形。

（1）左脚向前迈进一步，右脚随之跟进半步，脚尖虚点地，同时两臂自身前抬起，向左右侧方斜举，并随之深吸气。

（2）右脚前进与左脚相并，两臂自侧方落下，两腿同时下蹲，两前臂在膝下相交，左内右外，抱住双膝，同时深呼气。

（3）右脚向前迈进一步，左脚随之跟进半步，脚尖虚点地。同时两臂自身前抬起，向左右侧方斜举，并随之深吸气。

（4）左脚前进与右脚相并，两臂自侧方落下，两腿同时下蹲，两前臂在膝下相交，左外右内，抱住双膝，同时深呼气。

以上动作反复练习数遍，此势有助于增强心肺功能，健腰壮肾，长期坚持锻炼，可以治愈腰痛。

为了取得较好的健身效果，练“五禽戏”应注意以下几个问题：

（1）全身放松。练功时，不仅肌肉要放松，精神也要放松。要求松中有紧，柔中有刚，切不可用僵劲。只有放松，使出来的劲才会柔中有刚，才使动作柔和连贯，不致僵硬。

（2）意守丹田。意守丹田，即排除杂念，意念集中在脐下小腹部，有助于形成腹式呼吸，做到上虚下实，即胸虚腹实，使呼吸加深，增强内脏器官功能，使血液循环旺盛。身体下部充实，有助于克服中老年人常易发生的头重脚轻和上盛下虚的病象。此外做到上虚下实，动作才能达到轻巧灵便、行动自如。

(3) 呼吸均匀。练功前，先做几次深呼吸，调匀呼吸。练功当中，呼吸要自然平稳，最好用鼻呼吸，也可口鼻并用。但不可张口喘粗气，而要悠悠吸气，轻轻呼气，做起动作来会自然形成腹式呼吸，使腹部运动幅度加大，腹肌收缩有力，对内脏器官都有好处。

(4) 动作象形。练五禽戏做到动作外形神气都要像五禽。如练虎戏时，要表现出威猛的神态，目光炯炯，摇头摆尾，扑按搏斗等，有助于强壮体力。练鹿戏时，要仿效鹿那样心静体松，姿势舒展，要把鹿的探身、仰脖、缩颈、奔跑、回首等神态表现出来。鹿戏有助于舒展筋骨。练熊戏时，要像熊那样浑厚沉稳，表现出撼运、抗靠、步行时的神态。熊外似笨重，走路软塌塌，实际上在沉稳之中又富有轻灵。练猿戏时，要仿效猿猴那样敏捷好动，要表现出纵山跳涧、攀树蹬枝、摘桃献果的神态。猿戏有助于发展灵活性。练鸟戏要表现出亮翅、轻翔、落雁、独立等动作神态。鸟戏有助于增强肺呼吸功能，调达气血，疏通经络。

(九) 太极柔力球

太极柔力球是一项新兴的体育运动。由山西晋中卫生学校体育高级讲师白榕先生发明。太极柔力球汲取了我国传统武术太极拳以退为进、以柔克刚、以巧击蛮、以小胜大之精髓，并融合了现代竞技体育的器材设备和运动方式，具有竞争性、胜负理念以及完备的游戏规则。

1. 太极柔力球的优势

(1) 老少咸宜。太极柔力球的运动量可大可小，难度可强可弱，既可以作为竞技项目进行正式比赛，也可以作为表演或游戏吸引更多的人参与。太极柔力球可以一个人玩，也可以一群人玩，且不论怎么玩，都会乐在其中。

(2) 太极柔力球运动不受场地和气候的限制。由于其特殊的运动形式和器材构成，风对球拍和球的影响都不大，这就很好地解决了羽毛球、网球、乒乓球在刮风天无法进行露天运动的问题，所以非常适合在群众中开展。

(3) 太极柔力球使用的球内装有颗粒物，球本身具有很好的离心力，在颗粒的作用下，球很容易贴靠球拍，初学者少则两小时，多则两三天就可初步掌握，由于球内填充颗粒，所以球落地后不会滚得很远，减少了大量的捡球时间，这样一个小小的细节也为该项运动的开展提供了方便。

(4) 凡是持拍运动项目，运动时间长了手部都会大量出汗，这样很容易使技术动作变形，甚至出现球拍脱手。太极柔力球的球拍在设计时，充分考虑到这种状况，在拍把外面安装了防滑按摩套，保证这项运动不受出汗的影响。同时考虑到手部丰富的神经穴位，还在拍把内部装上了永久性磁铁，从而使练习者既锻炼了身体，又达到了按摩磁疗的保健效果。

2. 太极柔力球的健身功能

（1）柔力球是一项全面均衡的运动。人的大脑是有分工的，指挥左手活动的是人体的右脑。医学研究证明，右脑在处理节奏、旋律、音乐、图像、幻想等创造性思维方面起着主要的作用。在大多数体育运动中，双手往往不能得到均衡锻炼，特别是左手得不到应有的活动。太极柔力球运动是一种全身性的运动，它不仅可以使颈、肩、腰、腿得到锻炼，而且还可以双手持拍打球，使人的大脑得到全面均衡的发展，再加上圆形动作的变化比较复杂，随机多样，对训练中枢神经系统具有良好的作用。

太极柔力球运动的要领，要求“上虚下实中间灵”“松腰活胯”，以腰为主宰带动全身活动，肢体的每一个动作都是由腰腹转动运力而完成。这样的运动方式，能够对内脏器官起到很好的按摩作用。因此太极柔力球运动不仅能有效锻炼骨骼肌和心肌，同时也能有效锻炼内脏器官的平滑肌，使胃肠蠕动和消化液的分泌能力增强，使唾液、淀粉酶的下降速度减慢。这样就保证了运动者有好的食欲和消化能力，使人体所需的营养及能量得到及时补充，肠道的毒素得到及时清理，从而减少胃肠扩张、胃下垂、胃炎、肠炎、消化不良、便秘等常见病的发生，大大提高人们的生活质量和健康水平。

（2）独特的心理调节功能。医学研究表明，缓解精神紧张，首先要解决的是睡眠问题。提高睡眠质量的最好方法是进行有规律的运动。使累积紧张情绪或精神压力得到舒缓和释放，使睡眠时脑波的德尔塔波增加，增加熟睡期和深睡期的时间，使脑内的激素分泌更加协调，从而缓解人的紧张情绪。

太极柔力球运动处处圆灵舒展，平和自然，时刻追求一种人与人、人与球、人与自然的和谐。在运动过程中要求习练者不能简单地对立或逃避，而是引导人们如何认识矛盾、化解矛盾，变被动为主动。通过每一个接球过程，每天千百次的重复训练，就会逐渐形成忍让包容、含蓄婉转、理智大度的行为规范和巧妙应对、因势利导、谦虚好学、与人为善的处事之道。

（3）快乐减肥，防病治病。太极柔力球运动几乎所有的动作都是在转圈、走弧、旋转中完成。圆形运动产生的离心力加快了血液的流动和排汗过程。这与洗衣机的工作原理是一样的，良好的新陈代谢使体内的废物得到及时清除，多余的能量被充分消耗，对身体的减重去脂非常有效。在运动时肌肉内开放的微血管的数量增加了许多倍，并且扩大了血管的横截面。微细血管的开放畅通，会大大改善人体各器官系统的微循环能力，增强各器官系统的自我保护、自我修复和工作效能。因此经常进行这项活动能够使血压保持正常值，防止血管硬化和栓塞等疾病的产生。

以肩周炎为例，肩周炎是一种多发病和常见病，是无菌性炎症，主要是由于缺乏活动，组织粘连引起的。表现为疼痛、活动受限、不好治疗。太极柔力球运动能使周身气血流通，达到通则不痛的疗病效果，同时关节和肌肉又是在放松状态下挥甩，起到了散瘀通络、按摩牵引的治疗作用。实践证明，参加几个月太极柔力球运动的人，肩周炎的症状大大减轻，很多人还得到了彻底治愈。

3. 太极柔力球的基本技术

（1）握拍方法（基本技术介绍均以右手握拍为例）。有正握和反握两种。

①正握。用拇指和食指第一指节的指腹部位，相对捏住拍把与拍面平行的两个宽面处，其余手指顺势扣握，拍把的尾部靠在手掌的小鱼际处，掌心要空出，以便球拍在手中自如运转。

②反握。反手握拍也是拇指和食指第一指节的指腹部位，相对捏握在拍把与拍面垂直的两个窄面处。其余手指顺势扣握，掌心空出，使球拍能灵活方便地应对各种复杂技术动作的要求。

（2）容易出现的错误。

①虎口紧贴拍把，握拍过紧。

②握拍位置过后，拍把尾部贴住掌根。

③持拍臂紧张，肌肉僵硬。

④食指或拇指伸出，紧贴拍把。

⑤五指大把攥握球拍。

（3）注意事项。正确的握拍方法讲起来容易，但要运用自如却是一个熟悉的过程。在开始练习的时候，要随时检查和注意自己的握拍是否正确，经过一个时期的训练，才能使正确的握拍方法定型。

4. 基本站位

（1）正手基本站位。正手基本站位是指运动员正手握拍，接抛身体右侧来

正握

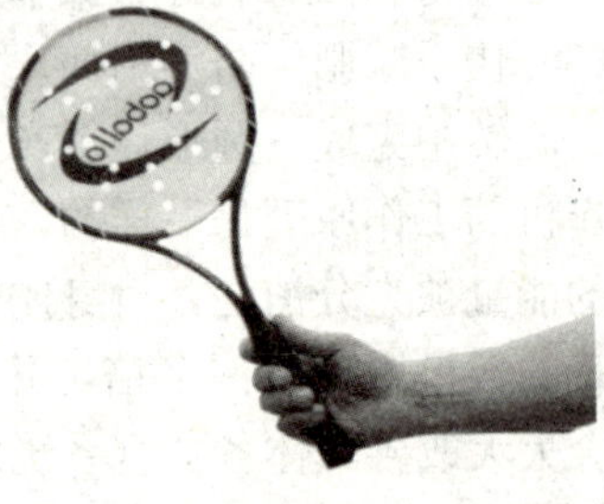

反握

球的站位方法。要求面向对方，左脚在前，右脚在后，两脚自然开立，略宽于肩，两膝弯屈略内扣，重心在两脚之间，脚跟略微提起，以脚前掌着地，髋关节放松，含胸收腹，上体略向前，平视前方，右手持拍，自然置于身体右前上方。

（2）反手基本站位。反手基本站位是指运动员反握拍，接抛身体左侧来球的方法。要求面向对方，右脚在前，左脚在后，两脚自然开立，略宽于肩，两膝弯屈略内扣，重心在两脚之间，含胸收腹，注视前方，右手持拍，自然置于体前左上方。

（3）容易出现的问题：

①两脚呈“八”字形。

②两腿直立，膝关节不弯曲。

③直脚弯腰，身体前倾，重心前倾。

④髋关节不放松。

⑤持拍臂无力下垂于体前。

练　一　练

太极柔力球标准套路教学（飞龙一套）

● **第一段：起势绕环**　（2×8 拍）

左手臂经体侧划圆将球抛至右前上方。

第 1 个八拍：右手持拍臂接球同时左脚向左开立，做小的 8 字绕环。1、2 拍，球入拍后由右经左前、左后向右前绕环。3、4 拍，由右前经右后向左前绕环，5、6、7、8 拍重复 1、2、3、4 拍的动作。

第 2 个八拍：重复第一个八拍的动作，动作幅度要比第 1 个八拍大，成大的 8 字绕环。

（在做 8 字绕环时要注意力从脚、腿而起，主宰于腰，要以腰带臂，划出的 8 字要对称饱满，连贯流畅。）

● **第二段：跨步绕环**　（4×8 拍）

第 1、2 个八拍：1、2 拍向左八字绕环，左臂内合，同时左脚向左前跨步跟右脚。3、4 拍向右 8 字绕环时左臂打开，同时右脚向右前跨步跟左脚。5、6、7、8 拍和第 2 个八拍同上。

第 3、4 个八拍：动作同上，脚步向后退步跟脚。

（在完成跨步绕环时要注意跨步的前后步幅不要过大，以免造成身体上下的不协调，同时也要注意 8 字绕环时都要以腰带臂，上下相随。）

第三段：左右绕环 （4×8 拍）

第 1 个八拍：1、2、3、4 拍两脚开立步 8 字绕环，5、6 拍体前顺时针正绕环的同时右脚左脚后叉步，7、8 拍向左侧绕环的同时左脚向左横跨步成开立步。

第 2 个八拍：1、2、3、4 拍两脚开立步 8 字绕环，5、6 拍体前逆时针反绕环的同时左脚右脚后叉步，7、8 拍向右侧绕环的同时右脚向右横跨步成开立步。

第 3、4 个八拍：重复 1、2 个八拍的动作。

（在完成动作时同样要以腰为核心，两臂开合自然舒展，划出的圆端正圆满）。

第四段：四方绕环 （4×8 拍）

第 1 个八拍：1、2 拍体前逆时针反绕环，3、4 拍身体右侧顺时针正绕环，5、6 拍身体左侧反绕环。反绕环后调整拍形为拍尖向下，7、8 拍以右脚为轴向右做下抱圆转体 360°。

第 2、3、4 个八拍：同上。

（在完成这段动作时要以腰带臂，划圆到位，连贯自然，每一个 8 拍结束都应当注意不能出现停顿，要以向后的小圆迅速地接续下一个八拍的动作。）

第五段：绕环抛接 （8×8 拍）

第 1 个八拍：1、2、3、4 拍 8 字绕环，5、6 拍向左转体两臂打开向左做立圆，同时右脚向左侧 180°处上步扣脚。7、8 拍两臂继续完成立圆后持拍臂左侧位将球抛出，同时左脚向后 180°处撤步成开立步。

第 2 个八拍：1、2、3、4 拍 8 字绕环，5、6 拍向右转体两臂打开做立圆，同时左脚向右侧 180°处上步扣脚。7、8 拍两臂继续完成立圆后持拍臂右侧位将球抛出，同时右脚向后 180°处撤步成开立步。

第 3、4 个八拍：同上。

第 5 个八拍：1、2、3、4 拍两脚开立步 8 字绕环，5、6 拍持拍臂体前顺时针正绕翻的同时非持拍臂一起做逆时针绕环，右脚左脚后交叉步，7、8 拍完成绕翻至左侧位将球抛出，同时左脚向左横跨步成开立步。

第 6 个八拍：1、2、3、4 拍两脚开立步 8 字绕环，5、6 拍体前逆时针反绕翻的同时非持拍臂一起做顺时针绕环，左脚右脚后交叉步，7、8 拍完成绕翻至右侧位将球抛出，同时右脚向右横跨步成开立步。

第7、8个八拍：重复第5、6个八拍的动作。

（在完成这段动作时要划圆饱满，前程用力，脚步稳健，球沿拍框而出。）

第六段：水平绕环　（8×8拍）

第1个八拍：1、2、3、4拍8字绕环，5、6拍向左转体，两臂打开向上成上抱圆，同时右脚向左侧180°处上步扣脚。7、8拍继续上抱圆完成水平旋转，同时左脚向后180°处撤步，脚尖点地成开立步。

第2个八拍：1、2、3、4拍八8字绕环，5、6拍向右转体，两臂打开向上成上抱圆，同时左脚向右侧180°处上步扣脚。7、8拍继续上抱圆完成水平旋转，同时右脚向后180°处撤步，脚尖点地成开立步。

第3、4个八拍：同上。

第5个八拍：1、2、3、4拍8字绕环，5、6拍调整拍形，拍尖向下成下抱圆左转，同时右脚向左侧180°处上步扣脚。7、8拍继续完成下抱圆水平旋转，同时左脚向后180°处撤步，脚尖点地成开立步。

第6个八拍：1、2、3、4拍为由左向右的8字绕环，5、6拍调整拍形，拍尖向下成下抱圆右转，同时左脚向右侧180°处上步扣脚。7、8拍继续完成下抱圆水平旋转,同时右脚向后180°处撤步,脚尖点地成开立步。

第7、8个八拍：同上。

（在完成水平绕环时，步伐应当连贯准确，上下一体连贯自然，第八拍的落步要早，为持拍臂的连续划圆赢得时间和空间。）

第七段：侧旋绕环　（8×8拍）

第1个八拍：1、2拍身体左侧反8字绕环，由右前上至左后下经左前上方绕环，同时左脚向前上步。3、4拍由左前上至右后下经右前上方绕环，同时右脚向前上步。5、6、7、8拍左右两脚原地交替4步，完成360°转体跟右脚，同时向左转体两臂打开做侧旋。

第2个八拍：1、2拍身体右侧反8字绕环，由左前上至右后下经右前上方绕环，同时右脚向前上步。3、4拍由右前上至左后下经左前上方绕环，同时左脚向前上步。5、6、7、8拍左右两脚原地交替4步，完成360°转体跟左脚，同时向右转体两臂打开做侧旋。

第3、4个八拍：动作同上，步伐改为后撤步。

第5、6、7、8个八拍：动作同上。5、6、7、8拍时的四步转体改为单脚支撑的360°转体。

（侧旋绕环是竞技侧旋进攻的基本动作，在侧旋时要注意以腰为转动中心，旋转要在一个平面上完成，前程发力，用力完整。）

● **第八段：腋下身后**　（4×8 拍）

第 1 个八拍：1、2、3、4 拍 8 字绕环，5、6 拍向左转体两臂打开向上成上抱圆，同时右脚向左侧 180°处上步扣脚。7、8 拍继续上抱圆完成水平绕环，持拍臂经腋下身后将球抛至体前的右前上方，同时左脚向后 180°处撤步成开立步。

第 2 个八拍：1、2 拍右侧接球做向左侧绕环，3、4 拍调整拍尖成下抱圆，同时左脚向右侧 180°处上步扣脚。5、6 拍继续下抱圆完成水平旋转将球经身后抛至左前上方，同时右脚向后 180°撤步成开立步。7、8 拍由左接球向右侧绕环。

第 3、4 个八拍：同上。

（腋下身后是竞技技术的常用动作，关键要注意用力的完整连贯，不能在最后的出球阶段用手腕或肘部发力，造成动作违例，要在身体旋转的过程中，利用腿腰登转的力量将球送出球拍。）

● **第九段：绕环组合**　（8×8 拍）

第 1 个八拍：8 字绕环，1、2 拍体前绕小一点的反绕环，同时左脚上步做前点步，3、4 拍右侧位大的正绕环，同时左脚后撤步做后点步。5、6 拍同 1、2 拍。7 拍动作同 3 拍。第 8 拍时右脚后撤点步。

第 2 个八拍：1、2 拍在身体左侧做大的反绕环，同时右脚上步做前点步，3、4 拍在体前做小的正绕环，同时右脚后撤步做后点步。5、6 拍同 1、2 拍。7 拍动作同 3 拍。第 8 拍时左脚后撤做点地步。

第 3 个八拍：8 字绕环向前做前后交叉步。1、2 拍向左 8 字绕环，左臂内合，同时右脚向前上步，左脚右脚后叉步，身体左转面向左 90°。3、4 拍向右 8 字绕环时左臂打开，同时右脚向前上步，左脚右脚前上步。5、6、7、8 拍同 1、2、3、4 拍。

第 4 个八拍：8 字绕环做向后的前后交叉步。1、2 拍向左 8 字绕环，左臂内合，同时右脚经左脚前上步向后交叉步，左脚向后撤步成开立步。3、4 拍向右 8 字绕环时左臂打开，同时右脚向后叉步。左脚向后撤步成开立步。5、6、7、8 拍同1、2、3、4拍。第 8 拍完成后右转体 90°面向前。

第 5、6、7、8 个八拍：同上。

（这段主要是对身法和步法的综合训练，要求上下相随，连贯自然，步伐准确到位，身法中正平舒，进退自如。）

● **第十段：绕环收势**　（2×8 拍）

第 1 个八拍：幅度小的 8 字绕环。

第 2 个八拍：幅度大的 8 字绕环，结束后将球抛至左前上方左手接球同时左脚向右脚收回。两臂缓缓落下。

（全套动作环环相扣，式式相连，连绵不断，没有停顿、直线和拐点，全面反映了太极柔力球表演技术的独特要求。）

三、如何制定运动处方

（一）运动处方的概念

根据参加体育锻炼者的年龄、性别、体质和健康状况，用处方的形式确定运动项目以及运动强度、时间、次数与注意事项的方法。它与临床医生所开的处方有相似之处，但不同点是：处方以药物作为治疗手段，运动处方则以运动作为健身手段。按照运动处方进行锻炼，可使锻炼有目的、有计划地进行，避免盲目性和随意性，且能安全可靠地达到强身健体和治疗疾病的目的。运动处方是社会体育指导员、辅导员、医生、教练员等依据体疗体育锻炼者的年龄、性别、心肺和运动器官的功能、运动史及健康状况等特点，以处方的形式，规定适宜的运动内容、运动量、运动强度的方法：

分类：治疗性运动处方和预防性运动处方。

方法：运动内容，运动中应达到的心率（运动中不允许超过的心率），每次运动持续的时间，每周运动的次数。

注意事项：禁忌的运动项目，自我监督的标准及内容，复查日期。

医生或教练员签名及日期

（二）运动处方的内容

1. 健康状况和体能评定　制定运动处方前，必须对自己的健康状况进行检查，对各项身体素质进行测试，从而确定锻炼目标。

2. 锻炼内容（运动项目）　运动项目主要根据运动者所要达到的目标而定。一般健身或改善心血管及代谢功能，预防冠心病、肥胖症等，可练习耐力性（有氧训练）项目，如走、慢跑、自行车、游泳、爬山及原地跑、跳绳、上下楼梯等；改善心情，消除身体疲劳，或防治高血压病、和神经衰弱，可选择运动负荷较小的放松性练习，如气功（八段锦、五禽戏等）、太极拳、散步、放松操或保健按摩等。

3. 运动强度　运动强度是运动处方中最重要的一个因素。强度过小，身体无明显变化，达不到健身的目的；强度过大，身体变化很大，容易发生过度疲劳和运动伤病。常用的方法是用心率来衡量。一般应以有氧代谢为主，中等强度为宜，可以采用芬兰的卡沃南氏公式进行计算：

有氧锻炼时适宜心率=安静时心率+（最高心率-安静时心率）×60%

最高心率一般是220减年龄，如16岁的最高心率为220-16=204次/分，以此类推。

例如，一名16岁男生，安静心率为80次/分钟，进行有氧健身锻炼时，他每分钟适宜平均心率为：80+（204-80）×0.6=154次/分

4. 锻炼时间 每天20～60分钟的锻炼效果最好。

5. 锻炼次数 每周以锻炼3～5次为宜。每日是否要进行体育，每次锻炼时间的长短、运动负荷的大小，可根据个人的锻炼习惯、锻炼经历等因素而定，一般锻炼后以次日不感到疲劳不宜。

6. 注意事项 运动处方也不是一成不变的。经过一段时间的体育锻炼后，根据自己身体承受负荷的适应状况，调整运动处方。天气状况不好，身体过于疲劳，或患病期间，暂停进行体育锻炼。早上锻炼运动负荷要小些，下午锻炼运动负荷可以大一些。女生在月经期要减小运动负荷，避免做激烈的跑跳和导致腹内压大的力量性练习。

（三）如何制定科学的运动处方

1. 制定运动处方要掌握的原则

（1）安全性。运动时所采用的运动强度或负荷量应依据肥胖程度、健康状况和心肺功能而定，注意区别对待，总之要在不损害身体健康或不影响少年儿童生长发育的情况下从事运动锻炼，一般以有氧锻炼为主。

（2）可接受性。运动方式应使锻炼者感兴趣，能长久地坚持运动。特别是儿童的心理特点是好奇心强、忍耐性差，应不断变换锻炼方法、内容、路线。最好能顺应自然，自行其乐，切忌用成人的标准要求孩子。

（3）预期效果。运动后应使体重下降到一定水平，心肺功能和体质健康状况有所提高，停止运动后的3～6个月内肥胖程度不应反跳到原来的水平。

拓展阅读

1. 肥胖儿童的运动处方

［运动项目］宜用以移动身体为主的运动项目，如长跑、散步、游泳、踢球、跳绳、接力跑、骑自行车和娱乐性比赛。有条件者可在室内的跑步器或活动平板上锻炼。

[运动强度] 肥胖儿童由于自身的体重大、心肺功能差，运动强度不宜过大。以心率为标准，运动时应达到个人最高心率的60%～70%，开始运动时心率可稍低些，如100～110次/分；以耗氧量为指标，一般应取个人最大耗氧量的50%～60%作为有氧运动强度。

[运动频率] 对肥胖儿进行运动减肥，一是要减掉现在体内的脂肪；二是要培养其长期坚持运动的良好习惯，以至成年后达到理想的体重。适当的运动频率可使肥胖儿不至于对运动产生厌恶或害怕的心理而中止运动，一般每周锻炼3至4次为宜。

[运动时间] 根据肥胖儿的肥胖程度、预期减肥要求以及运动强度和频率来安排运动的持续时间，从数月至数年不等。每次运动的时间不应少于30分钟。运动前应有10～15分钟的准备活动，运动后应有5～10分钟的整理活动。此外，选择运动时机也很重要，由于机体的生物节律周期性变化，参加同样的运动，下午与晚间比上午多消耗20%的能量，故而晚餐前2小时进行运动锻炼比其他时间更能有效地减少脂肪。

2. 青年肥胖者的运动处方

青年肥胖者相对于儿童和中老年肥胖者来说，体力好、对疲劳的耐受性强，因此运动强度和运动量可适当加大。

[运动项目] 长跑、步行、游泳、划船、爬山等，也可练习有氧体操，如健美操和球类运动等。

[运动强度] 一般运动强度可达本人最大吸氧量的60%～70%，或最高心率的70%～80%。

[运动频率] 由于青年肥胖者多有减肥的主观愿望，自觉性较强，为提高减肥效果，运动频率可适当增大，一般每周锻炼4～5次为宜。

[运动时间] 每次运动时间不少于1小时，持续时间可视减肥要求而定。晚饭前两小时运动最佳。

3. 中老年减肥运动处方

由于年龄增大，中老年人的各器官机能相对衰退，肥胖者更是如此，特别是有些中老年肥胖者往往伴有不同的合并症，故而在制定中老年运动处方时更要注意安全性。

[运动项目] 长距离步行或远足、慢跑、骑自行车、游泳、爬山等，并辅以太极拳、乒乓球、羽毛球、网球、健身操等。

[运动强度] 运动时心率为本人最高心率的60%～70%，约相当于

50%～60%的最大摄氧量。一般40岁心率控制在140次/分，50岁130次/分，60岁以上120次/分以内为宜。

[运动频率] 中老年人特别是老年人由于机体代谢水平降低，疲劳后恢复的时间延长，因此运动频率可视情况增减，一般每周3至4次为宜。

[运动时间] 每次运动时间控制在30～40分钟，下午运动最好。为了增强体质，提高健康水平，中老年人最好养成常年进行运动锻炼的良好习惯。

针对个人的运动处方包括健身性、竞技性、治疗性、预防性等处方，制定适合自己的健身性运动处方。

2. 根据目的选择项目 不同的运动项目对人体产生的作用是不同的，效果也不一样，要结合自己的健康状况和希望达到的锻炼效果来选择项目。

比如，对提高内脏功能影响较大的，要算耐力性、强度中等或偏小、运动时间较长的项目，如散步、快步走、健身跑、游泳、骑自行车、登山、太极拳等有氧运动。

3. 运动负荷要适量 运动负荷俗称运动量，运动强度大小对机体的影响最为明显。如果运动强度太大超过人体所能耐受的界限，即使时间不长，也会使身体产生过度反应而引起不必要的损伤。

4. 运动频率科学化 注意科学地安排运动频率，研究表明：一周只运动1至2次，不但容易发生肌肉酸痛和疲劳的现象，而且也达不到锻炼效果。

建议一周最好能运动3次，而且是隔日运动，这样不仅效果明显，也不易产生疲劳。下面是运动处方表，供参考：

运动处方表

姓名		性别		年龄	
健康状况					
身体素质					
锻炼目的					
锻炼内容					
锻炼中应达心率		每次锻炼持续时间		每周锻炼次数	
注意事项					
复查日期					
日期	锻炼情况		身体反应		

专题六　体育活动，构建和谐新农村

一、新农村体育文化的意义

社会意识对社会实践具有一定的指导意义。人们对体育在建设社会主义新农村过程中的地位、作用和功能的认识程度将决定着新农村体育发展的速度和规模。人民群众生活的逐步提高和闲暇时间的逐步增多，为培养人们健康的体育价值观念提供了条件。《中华人民共和国国民经济和社会发展第十一个五年规划纲要》在“建设社会主义新农村”部分中提出，要“加快农村教育、技能培训和文化事业，培养造就有文化、懂技术、会经营的新型农民”。事实上，新农村与新农民是相辅相成的。新农村是新农民活动的舞台和载体，新农民是新农村建设的结晶和归宿。因为农民是社会主义新农村建设的主体。新农村建设的目标能否实现关键在农民，所以社会主义新农村建设必须以提高农民素质为重点，培养身体素质过硬的新农村建设者。更重要的是，它能向人们展示一种积极的生活哲学，为新农村建设和新农民的成长给予宝贵的文化滋养，从而抵制农村贫困文化现象的影响。所以，在建设社会主义新农村过程中，大力发展农村体育文化既可以为造就新型农民提供健康文明的文化环境，也可以促进广大农民的身心健康，是塑造社会主义新型农民的必要途径，从而构建和谐新农村。

二、农民体育健身工程是新农村建设的必然途径

农民体育健身工程是构建农村文化体系的一项系统工程。应该发挥政府的主导作用，在着重抓好公共体育场地设施建设的同时，各级体育部门要全面加大农村体育工作力度。推进农村各类体育组织和体育活动站（点）的建设，培养和建立以社会体育指导员为主体的农村体育骨干队伍，发挥其对开展农村体育活动的组织、带动和指导作用。加强农村体育文化管理，保障农村文化建设的健康发展。乡镇文化站是直接管理和指导农村文化建设的职能部门，要利用传统节日和农闲季节，组织开展体育活动，坚持与生产劳动和文化活动相结合，组织开展具有地方特色、农民喜闻乐见、易于参与的体育健身和竞赛活动，并形成制度。做到组织到位、骨干到位、活动到位，引导更多的农民群众投身到体育健身活动中来，切实发挥体育在社会主义新农村建设中的积极作用。

（一）培育打造一批全民健身特色项目

结合各地实际情况，用开拓的视野引进和培育运动健身项目，发展品牌赛事，助推农村经济社会大发展、大繁荣。比如可开展武术（包括太极拳）、田

径、爬山、踢毽子、广场舞、八段锦、五禽戏等。普及第九套广播体操、柔力球、网球、空竹等一批新项目，以及篮球、足球、排球、乒乓球、羽毛球、象棋、围棋、游泳、门球、山地自行车等传统项目。根据各地的实际，传承优秀的传统项目，如拔河、腰鼓、秧歌、舞龙、舞狮、龙舟赛等，提升农民的热情，全面提高身体素质。

从组织引导入手开展丰富多彩、形式多样的文体活动，如晚间跳舞、文艺会演、农民运动会、节假日喜庆活动等。还可以结合农业产业化，组织开展评选种植和养殖能手、农业知识竞赛等形式，开展体育文艺活动，既丰富农民的精神生活，又推动农村经济发展。

1. 广场舞、健康舞 广场舞可以健身美体、怡情益智，具有体育锻炼的价值，经常进行广场舞练习，心血管和呼吸系统都能得到良好的锻炼，改善心肺功能，加速新陈代谢过程，促进消化，消除大脑疲劳和精神紧张，从而达到增强体质，增进健康，延缓衰老，提高人体的活动能力等良好的健身作用。在翩翩起舞的过程中，其注意力必然都集中在欣赏优雅的舞曲音乐，并沿着节奏将内心情感抒发在舞姿上，由于注意的转移，就能使身体其他部分的机能得到调整和充分休息，所以参加广场舞这项运动能消除紧张的情绪和缓解压力，消除疲劳、陶冶心灵，感受到愉快的情绪，从而达到最佳的心理状态。经常参加广场舞练习是一项很好的形体训练，提高人体的协调能力，强健身体的各个部位的肌肉群，以及增加骨骼的骨密度，具有十分积极的健美作用。广场舞操练还可以结交朋友，互相学习、切磋技艺，增进友谊，形成一个和谐娱乐的团体，让人们永远快乐，永葆青春。

广场舞

2. 太极拳、太极剑　它们都是健身与预防疾病的有效手段，合乎人的生理、心理的规律，是轻松柔和的健身运动，对身体各部位都具有良好的影响和促进作用。尤其对中枢神经系统起着很好的影响作用，能够加强心脑血管与呼吸的功能，减少体内淤血，可以改善消化系统与新陈代谢过程。它强调阴阳平衡，内修外炼，注重和发挥“调心”的作用，形、气、神融合一体，从内到外，从动到静，养练结合，使人的心理和情绪安逸稳定，净化心灵，宁静致远，使人与自然、个人与集体、局部与整体达到和谐统一，对人的心理健康和健全人格都起到积极的作用。

3. 其他体育活动　八段锦、五禽戏都是很好的健身项目，值得提倡和推广。传统的球类活动以及球类比赛如篮球队、乒乓球队、羽毛球队、台球队等要大力发展。新发明的柔力球是一项很好的运动，适合老年人的运动。抖空竹、踢毽子等也很不错的项目。目前有好多村里活跃着各种健身组织和社会体育团体，有的村里还成立了俱乐部和文化活动站。发展起来的农村体育活动正在“润物无声”地改变着农民的生活方式。近年来，伴随着新农村建设的不断推进，农村生活水平的不断提高，农民对精神生活的追求也越来越强烈，进而推动了农村体育事业的快速发展。

八段锦

“多打一场球，少打一场牌；多了一场比赛，少了一场纠纷……”这朴实的语言表达了农村体育给村民们带来的快乐和变化。

目前，有的乡村已经有好多爱好者通过镇里、队里去外面学习，有的自己组织，自己学习，然后再教给其他的村民。有的义务辅导员们大都不要报酬，她们总是鼓励学员，耐心讲解，从不厌烦，将自己所知的毫无保留地传授给健身的农民群众。早晨，是最好的锻炼时间，到广场上、公园里会看到好多义务的辅导员。当然了，农民朋友可能早晨还要下地干活。但不管怎样，应该制定了一份详细的锻炼时间表，每天的健身时间能保持在1小时以上为最好。

多开展文娱活动，可以丰富人们的业余生活。实践证明，体育文化活动可以陶冶人们的情操，使农民们的认识从感性上升到理性，自觉抵制封建迷信思想的侵蚀，促进社会好风气的形成，也为他们更好地工作提供了新的思路。体育文化活动既能锻炼身体，又能促进社会和谐发展，还能加强与人的沟通能力和团结能力！

五禽戏

抖空竹

（二）建设活动场所，提供健身的氛围

现在政府也在加大对农村体育设施建设的力度，据统计仅2012年就在山西省乡宁县147个镇街942个社区和村安装了900多套健身器材。随着这些农村体育设施的陆续投入使用，农民的体育锻炼热情得到了极大加强，也使得社区、农村的文体生活日益丰富。在健身广场上，每天参加体育锻炼的农民群众越来越多，“饭后走一走、活到九十九”“每天锻炼一小时、健康生活一辈子”的现代生活理念在农村广泛传播。健身正渐变为“衣、食、住、行”之后的第五要素，成为农民朋友生活的一部分。这也是政府支持村镇体育活动的具体表现。每个村镇都有爱好运动者，他们都可以成为辅导员。有的乡镇还是落后，他们不注重场地设施的建设，不太关心农民朋友的体育文化活动。调动不起农民们生产、生活的积极性。

如果有了政府的支持，投入很多力量建设场地和设施，激发了更多的农民朋友积极投身到健身活动的潮流中。

拓展阅读

［健身场地和器材］

随着农村经济的发展，城乡一体化进程的加快，原来散居的农民逐步向农民新居集中，在农民新居修健身广场和安置健身路径受到农民群众的欢迎，2012年成都市体育局在乡镇共安装健身路径100条。大邑县几年前只有一条健身路径安在县体育中心，2013年配合城乡一体化进程，一口气在农民新居中安装6条健身路径，双流2013年5条路径全部安排在乡镇。农民群众反映强烈，认为是政府的关心，走出家门即可锻炼，方便了群众。成都市和区（市）县体育局则为修建体育健身场地的乡镇配置相应的器材，以支持乡镇修建农民身边的健身场所。成都市体育局将用四年的时间利用体育彩票公益金为全市所有的乡镇修一条健身路径。

[健身操越跳越红火]

“自从村里搭建了跳广场舞的平台后，我们农民在农闲时也有了好去处，打牌赌博的也少了。”江苏省淮安市金湖县戴楼镇新塘村部门前正在跳广场舞的村民曾学和高兴地说。

每当夜幕降临时，新塘村村部门前的广场就自发地聚集了不少村民，跟着快乐的节奏舞上几个小时，既活动筋骨强身健体，又放松心情释放压力，但是这种一直以来被认为是城里人才有条件进行的活动，如今也悄然地进入了农村。他们跳的广场舞有现代舞和自创的舞蹈，年轻人还跳起了街舞，大家无拘无束，心情十分的放松，更多的农民在学跳农民健身操。

“夏季农忙结束后，我们村购买了音箱和农民爱听的歌曲光盘，让他们农闲有个健身的好去处，本来才有10多人，现在每晚都有30多人参与进来，我们还邀请镇文化站的专业人员来现场教大家，看到大家的一脸笑容，我们体会最深的就是老百姓的精神面貌发生了很大的变化。”新塘村党总支书记戴传顺深有感触地说。可见，场地和氛围是非常重要的。

[健身网点遍地开花]

早上7点半，记者就来到了位于宝坻城区开元路旁的健身公园，这是宝坻区众多全民健身点中的一个。清晨的公园非常热闹，有打乒乓球、篮球的，跳广场舞的、使用各种健身器械的，其中一只健身操队伍尤为惹眼，只见百余号人统一着装，动作一致。在队伍前面领操的是一位头发花白、精神矍铄的老人，只见他一招一式动作十分精准。

这位领操的老人就是这个健身队的队长陈大爷。一套操跳完陈大爷才看见等在一旁的记者。他热情地给记者介绍说：“咱们这个全民健身站点是我们区比较大的一个站点，占地达到近14 600平方米，分健身器材、球类、健身和休闲四个区域，健身器材区有26套不同类型的健身器械，适合不同年龄段的人群进行锻炼；球类区有篮球场、乒乓球场，光乒乓球台就有十多套。咱们健身队平时就在脚下这块近250平方米的区域活动，基本上每天6:00～7:00点都在这选择太极拳、太极扇、太极剑、健身操还有一些气功来进行锻炼。”简单介绍完整个健身公园的情况，陈大爷开始带着记者到各个区域进行参观。来到健身器材区，记者发现26套健身器械没有一个器械是空着的，有的后面甚至还有几个人在排队。此时，扭腰器上的三位老人发出阵阵的笑声，记者上前与老人攀谈起来，其中一位72岁的李大爷告诉记者："以前家门口没有锻炼的地方，天天闷在家里。自从有了这个健身公园，我基本上每天都来几趟，心情好、病也少了。"李大爷发出爽朗的笑声。陈大爷告诉记者，公园内每天都不止一个队伍在活动，但大家相处得都很融洽，有时候一起锻炼，为了避免音响声音大了会互相干扰，他们就尽量把距离拉开一些，声音放小一些。活动完都自觉地捡捡垃圾，保持公园环境的整洁，总之，大家非常珍惜和喜爱这个地方。

花样抖空竹

在宝坻还有一只飞翔空竹队，成立两年已经发展到100多名队员，并常年活动在玫瑰湾活动站、宝鑫小区公园、公安公寓公园等健身站点。空竹队的队长李广俊也是一名社会体育指导员，他给记者介绍说："空竹是一项需要集中精神的运动，很占精力，练习过程很艰苦，受伤可以说是家常便饭，所以能坚持练习的人对空竹都有很大的热爱。像我们队里有一个农民叫姜福海，家里离练习的地方很远，但是仍然坚持每天来站点跟大家一起练习，自己还到过北京、河南学习抖空竹，对学习空竹有很大的热情。""自国务院制定《全民健身计划纲要》便掀起了全民健身活动的高潮，通过广泛开展全民健身活动，全社会的体育健身意识不断提高，群众性的晨练和晚练及节假日和双休日锻炼活动的人数不断增长，科学健身锻炼逐渐形成风气。"宝坻区体育局群体科科长邓卫东介绍说。"在宝坻，像健身公园、玫瑰湾公园这样的健身站点，截止到2012年底登记在册的就有67个，其中还有24个被评为市级明星健身站点，现有各类体育协会5个，全区社区和农村建立了642个全民健身路径和健身苑，健身场地总面积达70余万平方米。已经初步建立了覆盖全区的群众体育组织网络。”

（三）常态化开展国民体质检测和运动健身指导工作

创新工作思路，规范操作程序，强化科学健身指导，建立测试站点，接受检测和指导的人数完成下达指标。支持创建各县、区体育俱乐部和体育文化活动站。加强对村民体育活动的组织和引导。经常组织培训各个镇、村的社会指导员，尽量学习外面的先进经验和方法。

目前有的村镇积极培训体育爱好者担任义务体育指导员引领群众积极参与健身活动，指导和传授正确的健身方法和理念。通过培训和引导，如今大地上活跃着成千上万余名体育指导员，春夏锻炼中需要注意的细节，户内、户外锻炼的区别，如何预防疾病的锻炼指南及户外器械运动指南等都成为社会指导员指导群众健身的内容。他们活跃在区县的每个角落。

拓展阅读

社会体育指导员作用大

袁世琤是天津市静海县社会指导员之一。每天清晨他都带着录音机到晨练点义务教大家做《医疗保健操》。几年来，他已在村里建立了8个晨练点，教会1500多人做操并培养了20多名群众业余体育骨干，其中有16名已成为等级社会体育指导员。“很多人都问她，分文不取却干得这么带劲，你图的是什么?”她说：“我就是为了使更多的老年人更健康。”

在社会体育指导员影响与带动下，健身舞、柔力球、太极等已在静海县遍地开花。“目前，静海县在册的社会体育指导员已达到1000人，他们分布在城乡各个健身点为群众提供培训指导。经常参加体育活动的人数达到全县人口的46%。”静海县体育局群体科科长赵建军介绍说。社会体育指导员的工作虽然属于志愿服务的范畴，但也属于公共服务范畴。为了使指导员更好的服务群众，一些乡镇积极探索加强队伍建设的管理新模式。“我们将各级社会体育指导员的姓名、性别、年龄、工作单位、参加培训时间等情况进行了登记造册。将社会体育指导员工作列入对各村街工作年度考核中，要求各村街、站点开展社会体育指导员工作的文件、课程表、照片等资料齐全，建立档案库，参加各级培训有不同的加分标准等，通过考核督促各村街重视社会体育指导员工作。在重视和加强队伍管理的同时，使之有序发展，也坚持重视和做好服务保障，为基层社会体育指导员创造良好的工作条件。”唐官屯镇文卫办主任魏东军介绍了他们建立的社会体育指导员档案，这一招法不仅激发了社会体育指导员的主动性和创造性，也维护了广大健身群众的利益，产生了良性双赢的工作效果和社会效益。“他们的出现，让群众的业余生活更加丰富多彩。麻将声越来越少，取而代之的是健康、愉快的各类健身活动。”魏东军深有感触地说。

（四）常开展有意义的运动会

拓展阅读

农村趣味运动会聚人气树正气

一场别开生面的趣味运动会在天津市蓟县下仓镇后屯村的健身广场上拉开了帷幕。“打起手鼓唱起歌，我骑着马儿翻山坡，千里牧场牛羊壮，丰收的庄稼闪金光……”早上8时，比赛开始前，村民们自发组织了秧歌队、舞蹈队、腰鼓队，表演了丰富多彩的文体节目，为活动增添了喜庆的

打腰鼓

色彩，60多名参赛村民穿上比赛服装，个个精神抖擞、摩拳擦掌，准备一试身手，观赛村民个个喜笑颜开，早早来到赛场，抢占有利地形，准备大饱眼福。8点半，近20名青中年妇女跳完开场舞后，各参赛选手准备就

绪，该村党支部书记方亚峰宣布："村民趣味运动会现在开始。"此场运动会年龄跨度较大，选手中，年龄最小的只有8岁，最大的74岁。除了常规的乒乓球、篮球、羽毛球等项目外，村里还精心安排了骑自行车比赛、扛重物走、踢毽子等特色项目，要说最热闹的场面还要数夫妻绑腿跑比赛，每对夫妻各绑一条腿，双方互相搀扶着跑上100米，热闹而富有情趣的场面，让在一边鼓劲的农民笑声、掌声不断。

踢毽子

"加油！加油！"伴着两侧群众的呼喊声，腿部绑在一起的村民老李夫妇，正奋力冲线。"绑腿跑冠军：老李和他媳妇！"裁判大声宣布。

绑腿游戏

绑腿比赛刚刚结束，拔河比赛又将全场的气氛推到了高潮，比赛分为妇女组、青年组、少年组，各组互不谦让，气氛热闹，村民李大姐参与的小组在比赛中得了名次，领到了一瓶洗发露，她乐开了怀说："每年村里举办拔河比赛我都有参加，就是图个乐和。"后屯村党支部书记方亚峰说，最近几年，不少村民通过发展种植业和养殖业走上了致富道路，村里爱好体育运动的村民慢慢多了起来，闲暇时经常组织村民运动会。谈到这，在一旁观看比赛的村民李大娘插上了话："现在生活一天比一天好，把身体锻炼好了咱农民建设新农村的劲头就更大了。""就是，体育对农民太重要了，不运动，干活都不带劲。"一旁的村民附和道。谈话间，乒乓球比赛开始了，记者在现场看到，观看比赛的村民中既有年轻人，也有五六十岁的老头老太太，不论哪一方赢球，都能赢得村民的阵阵喝彩。下仓镇文化站站长杨东风告诉记者，村里开展趣味运动会，聚人气树正气，花钱不多，大家乐和。杨站长介绍说："下仓镇每年镇里都会举办多场运动会，村民参与的热情很高。不少村子也自己举办运动会，除了后屯村还有 14 个村子经常开展体育活动。"蓟县体育局群体科科长贝镇江介绍说："去年，县里下拨农民体育协会活动经费 3 万元，用于蓟县广泛开展农民单项体育竞赛和全民健身活动展示。26 个乡镇农民体育协会在本乡镇党委政府的大力支持下，积极参与县级农民各种竞赛和活动。不少村子还办起了村级体育活动竞赛。"谈到各种体育运动为农民带来的好处，贝科长感触颇深："各种体育活动不仅增强了农民的体质，同时也融洽了邻里关系，群众深切地感受到了体育运动带来的快乐，各乡镇行政村体育健身队伍不断壮大和增多。目前蓟县农村健身站点达到了305个，其中，20人以上的队伍有 236 个，30 人以上的队伍有 45 个，40 人以上的有 24 个队伍。"

跳　绳

(五)“体育下乡”为农民办实事

拓展阅读

[山西]

山西太原生态工程学校，2011—2013 年两年内利用业余时间，到附近的乡村进行广场舞、健康舞的指导与教学，深受村民们欢迎。目前，在她们的带动下，村民们参加跳健身舞的积极性极具高涨，尤其是阳曲镇的南路村，尖草坪区的岗底村、清徐县的大常村、水屯营村、张闫村、晋源区的石庄头村、杏坪村索村等等都喜欢让太原生态工程学校的老师去教广场舞和健康舞。不管是小孩还是中青年、老人，都喜欢跳。男人们也在一旁围着看，好一派热闹景象。她们常常是迫不及待。这次刚教完，就要约定下一次。白天农民们干活，没有时间学，老师们就利用晚上时间去教。看到农民们学习的热情劲，老师们再累再苦也觉得值得。

跳健身舞

[湖北]

湖北省宜昌市夷陵区仓屋榜村是全国著名的柑橘专业生产第一村。在新农村建设中，该村农民以种植柑橘都过上了小康生活，村容村貌发生了翻天覆地的变化，村里还为丰富村民的业余文化生活建设了标准化的文化体育广场。物质生活水平提高之后，农民朋友们对精神文化的需求也在日益增长，他们看到城里人跳广场舞非常羡慕，但苦于没有老师指导，看着美丽宽敞的文化广场不能发挥应有作用而“望舞兴叹”。于是村委会和小溪塔街道办事处文化体育中心特别邀请专业舞蹈老师到仓屋榜村对村民进行了为期两周的广场舞培训，每天到文化广场去跳舞的都在130人以上。人们在一天的辛勤劳作之余到村文化广场，和着轻快的音乐、踏着优美的舞步翩翩起舞、一展风姿，让紧张压抑的心情收获愉悦。夜幕之下，文化广场上翩翩起舞的身影成为仓屋榜村新农村里的一道靓丽的风景线。广大村民自从跳上广场舞之后，大大活跃了农村的文化氛围。打牌赌钱的少了，矛盾纠纷也少了，为农村、农民营造出和谐、愉快的生活环境，使人们真正过上了“生活富裕，乡风文明”的殷实生活。

跳广场舞

[四川]

成都市龙泉驿镇以盛产水蜜桃而闻名全国，为了发展旅游休闲产业，当地投资修建了仿长城等一批旅游休闲设施，但养在深山人未识，游人寥寥无几。2013年4月，成都市体育局结合“体育年”活动，通过与当地政府合作，举办了龙泉国际桃花会首届登长城活动，吸引了近万名群众的参与。通过这次活动，使更多人了解了龙泉驿，休闲度假的市民也渐渐多了起来，很好地起到了推动当地旅游休闲产业和果业经济的作用。成都市武术运动管理中心、市乒乓球管理中心、市棋类运动管理中心分别同邛崃市的三个乡镇签订了对口辅导协议书；三个中心分别向三个乡镇捐赠了一批体育器材和图书。随后市武术管理中心又深入到佐道乡进行了辅导。吸引了600多名群众参加武术和太极拳培训，农民群众感慨万分，这么好的教练来辅导做梦也不敢想。乒乓球管理中心定期到羊安镇为农民组织培训和比赛，对乡镇文体骨干采取请上来、走下去的办法进行重点帮扶，使他们提高水平后，更好地组织农村体育活动。在“体育年”活动中，成都市体育局向农民赠送了《全民健身常识》等小册子3万册，推广科学的健身方法，指导农民科学健身。

（六）农村体育活动形成特色

在农村，增强农民体质、开展体育活动是很重要的。特别是很多地方举办有特色的竞技活动，比如舞龙、舞狮、龙舟和拔河等。现代的，比如篮球、乒乓球、健身操、太极拳这些活动是很凝聚人心的。村民总会向着本村的选手，很自然地调动了大家为集体争光的情绪。这种集体荣誉感对于激发群众热爱本村、热爱集体很有作用。大家拧成一股绳，这种思想在农村活动里，体育是最容易做到的。除了凝聚民心，体育活动还能帮助净化农村的社会风气。农民参加体育活动多了，不论是玩还是看，他就不会去搞歪门邪道了。据我们所知，凡是体育活动开展好的乡镇，一般农民很少参与赌博。人们的心思不在那里赌博，有很多活动吸引着他，他很自然就爱参加体育活动，从而兴趣转移了。

拓展阅读

随着生活水平的提高，农村的体育活动更加丰富多彩。各地可根据自己的特色组织活动并创收。

[舞龙舞狮赛龙舟]

四川省双流县几年来将舞龙、舞狮同民间传统活动结合在一起，坚持数年终于取得明显效果。双流黄龙溪舞龙队每年参加各种庆典表演，创收达百万元，民间传统体育活动2011年在深圳举行的第23届世界大学生运动会开幕式表演，给中外观众留下了深刻的印象。

舞　狮

双流南狮表演队参加国际龙狮精英赛，获得冠军。新津、龙泉、金堂举办的龙舟竞赛也深受当地农民兄弟的喜爱。

龙舟赛

[风筝赛]

崇州市金鸡乡的风筝制作已有400多年的历史，每年制作800万只风筝，创收近千万元。

风筝赛

开展风筝竞赛活动既是健身活动又为农民增加了收入，崇州市也因风筝而闻名。

[农运会]

农运会的举行促进了中国农村体育运动的开展。在此起彼伏的锣鼓声中，第七届全国农民运动会如火如荼地进行着。农民运动会和一般的运动会有明显的区别，它的项目设置更加突出农味、有趣的特点。在本届农运会上，既有自行车载重、插秧等来源于农村生产活动的项目，又有风筝、舞龙舞狮、三人四足跳、武术等在农村广泛开展的趣味项目。另外，与一般运动会以比拼竞技成绩不同，农民运动会的最大意义在于增强农民身体素质，让他们从运动中寻找到快乐。来自广东代表团的陈明杰此次参加的项目是插秧。他认为，积极开展农民健身活动，对广大农民的生活有着积极的意义，跟农民日常生活联系还是很紧的。体育改变了生活，人们从中得到了快乐，气氛越来越和谐。

拔河赛

农民体育健身工程是构建农村体育服务体系的一项系统工程。在着重抓好公共体育场地设施建设的同时，各级体育部门要全面加大农村体育工作力度。推进农村各类体育组织和体育活动站（点）的建设，培养和建立以社会体育指导员为主体的农村体育骨干队伍，发挥其对开展农村体育活动的组织、带动和指导作用。利用传统节日和农闲季节，组织开展体育下乡活动，坚持与生产劳动和文化活动相结合，组织开展具有地方特色、农民喜闻乐见、易于参与的体育健身和竞赛活动，并形成制度。做到组织到位、骨干到位、活动到位，引导更多的农民群众投身到体育健身活动中来，切实发挥体育在社会主义新农村建设中的积极作用。保证农民有愉快的心情、健康的身体和和谐的团体，才能使农民朋友们在产业工作中更有信心和干劲，确实提高农民的生活水平，创建和谐新农村。

第四单元

新农村文化艺术建设

专题七　美丽乐章，谱写新农村文化建设

一、新农村文化艺术建设的意义

党的十六届五中全会指出，建设社会主义新农村是我国现代化进程中的重大历史任务，要按照“生产发展、生活富裕、乡风文明、村容整洁、管理民主”的要求，扎实稳步地加以推进。因而，搞好农村文化建设，发展农村文化事业，对于丰富农民的文化生活，提高农民的思想道德素质和科学文化素质，对于促进农村经济发展和社会全面进步具有重要的作用。

文化产业不仅是推动现代化建设的强大动力，也为经济和社会的全面进步提供了强大的精神动力和智力支持。全国政协委员、北京大学艺术系主任叶朗教授指出：文化产业将是目前最有前途的产业之一，将成为 21 世纪中国经济的支柱产业。作为县域文化产业的发展，人们的物质生活的不断提高，城市化进程的加快，人们开始对精神文化方面的需求不断增长。发展文化产业，应从当地实际出发，从当地文化传统和生活习惯出发。

拓展阅读

百 姓 大 舞 台

“百姓大舞台”是河北省沧州市青县近年来深化文化体制改革、大力发展自身文化的一个缩影。这个县以丰富群众生活、弘扬地方文化为抓手，深入挖掘文化的深邃内涵，并将其转化为拉动地方经济发展的动力，

取得了良好的社会和经济效益，促进经济社会和谐发展。“群众登台演自己，如果想演你就来。”入夏以来，青县文化馆前的广场歌声笑语不断。在这里，群众广泛参与的“百姓大舞台”每晚都准时开演。歌曲专场、戏曲专场、儿童专场、相声小品专场……丰富多彩的节目形式，让当地群众切身感受到了文化的魅力。

随着社会生产力的逐步提高和城市经济的快速发展，群众对精神文化生活的需求愈加强烈。在推动文化事业发展、丰富全县人民精神文化生活的同时，凝聚大家干事创业热情和发展干劲，促进全县经济社会协调发展，成为青县县委、县政府将文化建设与经济发展有机结合在一起的有效手段，并取得了良好的效果。

以城市社区和农村基层为切入点，大力构建“城镇文化发展一体化”格局，让文化做先锋。文化部门利用节庆日和业余时间举办“百姓大舞台”“戏曲票友大赛”和体育比赛等活动，还扶持成立了 17 个乡镇电影放映队，定期到村里放映。近年来，这个县已组织文艺下基层惠民志愿演出活动 40 余场，让更多群众参与到健康文明的文化活动中来。

在建设社会主义新农村文化中，我们应该在深入挖掘传统民间文化丰富资源和深刻内涵的基础上，引进、容纳、消化和吸收其他文化的优秀方面，不断加以创新，推出更多富有民族特色、时代色彩的文化产品，打造出中国农村新文化的精品。艺术家可以利用民歌民谣，创作出富有现代气息的音乐歌曲，如电影插曲《花儿为什么这样红》、小提琴曲《梁祝》、动画片《百鸟衣》都是根据民间素材创作出来的。从这个角度来说，传统民间文化对于农村新文化的创建具有重要意义。我们要通过深化文化体制改革，充分发挥市场在文化资源配置中的基础性作用，使传统民间文化资源得到充分保护、开发和利用。特别是要注意把挖掘广大本土民间文化优良传统与地方经济发展结合起来，使传统民间文化显现出其固有的多重功能。我们要充分利用独特的地域文化优势、深厚的民间文化优势以及地方艺术品牌优势，为发展新农村文化和地方经济服务。如广西民族文化绚丽多姿，12 个民族能歌善舞，素有“歌海”之称，音乐舞蹈品类繁多，各具特色，民族传统节日文化也丰富多彩。近些年，他们在继承和发扬传统民间文化基础上，通过创新，举办了南宁国际民歌艺术节、“刘三姐歌圩”、桂林山水旅游文化节以及孔雀奖少数民族声乐大赛等，并形成品牌效应，既活跃了农村文化生活，又促进了农村经济发展。对民间文化合理开发和利用是对民间文化生命的延续，我们要借助现代高新技术手段，保护传统民间文化瑰宝。同时，要坚持民间文化的与时俱进，以保持其旺盛的生命力。

拓展阅读

又见平遥

山西有着极其悠久的历史和文化，平遥古城已被列为“世界文化遗产”。随着山西省经济转型期的到来和国家文化产业政策的实施，《又见平遥》作为重大的文化项目，会在文化和旅游双方面起到积极的带动作用。

《又见平遥》大型实景演艺项目是印象系列演艺项目在我国北方地区的第一个项目，是山西省在“十二五”期间由能源大省向文化大省转型跨越的重要旅游发展项目之一，更是十八大后山西推向全国的首部文化产业创新发展大戏。这一项目的建设倾注了山西省委、省政府，晋中市委、市政府以及平遥县委、县政府的大量心血，是省、市倾力支持并寄予厚望的建设文化强省、文化强市的重大战略项目，省委书记袁纯清先后三次会见印象团队，晋中市委、市政府成立项目协调组，投巨资支持项目建设。《又见平遥》是印象团队致力创新并取得重大突破的独创性项目，作为我国大型实景演出的创始者、引领者，印象团队对《又见平遥》实现了新创意、新突破、新跨越，由室外实景演出走向室内情景体验。《又见平遥》融合了传统与现代的元素，将戏剧、舞蹈、影像、音乐等元素完美呈现，为观众营造出了神奇的视觉效果。

《又见平遥》形成了一个经济业态，带动了当地的旅游业，拉动了经济增长。它不仅仅是“印象”这一个品牌本身在挣钱，关键是周围的老百姓。比如像平遥剧场在开始挖地的时候，周边的地就已经升值了，各种配合运营线路就已经升值了。作为旅游而言，大家已经把来山西当成一个非常热的旅游线路，如果再能让游客多滞留几个小时，或者引他在平遥住下来，慢慢看看这一个一个的院子，静静听听所有院子的传说，对文明的发展是有好处的，同时对整个山西旅游和这条线路的带动是有好处的。

总之，我国新农村文化建设正处在战略发展的机遇期，挑战与机遇并存。各地政府只有充分认识到文化艺术在新农村文化建设的重要作用，依次制定新农村文化发展战略，认真执行，才能使全国各地获得构建和谐新农村可持续发展的不竭精神动力。

二、改革开放以来流行音乐的发展

在当前大力开展新农村建设的形势下，我国农业生产和农村经济获得了巨大的发展，农民温饱问题基本得到解决，因此，农民的文化生活也丰富起来，而音乐成为文化生活的重要组成部分，它无时无刻不在影响着老百姓的工作和生活，在维护农村稳定、促进农村经济发展、提高农民综合素质、调动广大农民生产积极性等方面有着重要的作用。

在新农村文化建设中，好的音乐、歌曲是农村文化建设大军中的一员，好的音乐文化能够传播新的时代精神，丰富农民的业余生活，形成良好的文化氛围，从而取代那些落后、庸俗甚至丑恶的文化现象，在促进农村文化建设的进程中发挥着不可替代的作用。

流行音乐是人们生活中不可分割的一部分。

流行音乐，是指那些结构短小、内容通俗、形式活泼、情感真挚，并被广大群众所喜爱，广泛传唱或欣赏，流行一时的甚至流传后世的歌曲。这些歌曲植根于大众生活的丰厚土壤之中。因此，又有“大众音乐”之称。

流行音乐因具有生活气息浓郁、抒情、风趣、音域不宽，手法通俗、曲调顺口、易于传唱，歌词多用生活语言，有浅、显、易等特点，易为听者接受和传唱，所以就能够为群众所接受。歌手多是自成一格的流行歌星，发声方法各有千秋，不受声乐学派的约束，演唱时情感重于声音技巧，自然亲切，易引起听众的共鸣。小乐队的强声伴奏与歌声融为一体。

流行音乐也称通俗音乐，流行歌曲作为一种以消遣娱乐为主的大众文化，其发展和社会发展的脉络息息相关，俨然已成为日常生活的一部分，尤其是20世纪90年代以后，随着国家的政策开放，使得流行歌曲的内容形式更加多元化，更加深入人心。90年代的流行音乐变化较广，并且与我们的生长背景较为接近。然而流行歌曲不仅是艺术，更是反映百姓生活的写实记录，甚至是大众思想、意识形态的指标。

（一）20世纪80年代的流行音乐

80年代，由于改革开放基本国策的落实，经济建设得到了不断发展，一批具有时代特征的流行歌曲开始涌入，充满青春朝气的年轻人，伴随着高考制度的恢复纷纷走进了高校校园，他们很快被充满诗意和浪漫气息的台湾校园民谣所吸引。录音机、磁带的进口，加速了港台流行音乐的传播，在改革开放的推动下深刻影响着内地音乐的发展。

首先是以邓丽君为代表的柔美风情的演唱风格，使听众陶醉其间，如《甜蜜蜜》《月亮代表我的心》等。而台湾校园民谣则是以罗大佑创作的《童年》《光阴的故事》等一大批青春洋溢的歌曲为代表，邓丽君、罗大佑几乎成为那个年代的符号性人物。他们对内地流行音乐的发展影响非常大，同时也出现了如《年轻的朋友来相会》等校园歌曲。

港台歌曲的传入还带来了一些如影音公司、音乐茶座这种新的音乐文化形态，1983年，第一届央视春晚的歌曲《乡恋》，成为当年最热门的歌曲，李谷一成为中国内地流行唱法的第一人。而东方歌舞团的朱明瑛、成方圆、苏小明由于自己独特的嗓音和优秀的音乐作品成为第一批歌星。

80年代，“西北风”把中国流行音乐推向了另一个新的高潮，代表作品有《一无所有》《黄土高坡》《信天游》等。乐曲以深厚的西北地区的民族文化为根基，风格慷慨激昂，赋予呐喊式的演唱方法，使“西北风”成为家喻户晓的流行风潮，在中国流行音乐发展进程中是个很大的突破。

1989年，卡拉OK这一娱乐形式的引进进一步推动了流行音乐的发展。一些音乐创作者经过不断的摸索、尝试，使音乐作品风格多样化。此时，涌现出了一大批知名歌手，如毛阿敏、韦唯、刘欢、范琳琳等。总体上，这个时代的音乐特征反映了一个充满生机活力的时代。

80年代末，中国台湾的音乐也逐渐成熟起来，完成了自己的转变，邓丽君的影响让位给苏芮、齐秦，他们的音乐更加贴切地反映了都市青年的生活，摆脱了早期港台流行歌曲的形式，音乐风格也是别出一格的，深受青少年的喜爱。

（二）20世纪90年代的流行音乐

90年代初，大陆原创流行音乐也开始了一次井喷式的大爆发，中国音乐电视大赛的举办，在很大程度上加速了中国流行音乐的进程。把歌曲拍成“音乐电视”的形式在电视上播放，人们称它为MTV。大赛的目的是为了打造中国本土流行音乐品牌，进一步挖掘中国传统文化，提高中国音乐电视作品的水平。大赛的影响力之大，是不言而喻的，成功地推出了一批优秀的音乐作品及歌手，如杨钰莹的《轻轻地告诉你》、孙悦的《祝你平安》、林依轮的《爱情鸟》、孙浩的《中华民谣》、老狼的《同桌的你》、朴树的《白桦林》、陈明的《今夜的寂寞让我如此美丽》、那英的《雾里看花》、田震的《执着》、景岗山的《我的眼里只有你》、付笛生的《知心爱人》、屠洪刚的《霸王别姬》等。这印证了中国流行乐坛的崛起，他们将内陆的民歌同流行音乐相结合，成就了90年代独特的音乐特色。

校园民谣的崛起给流行音乐带来了一缕清风，它的旋律简单，用吉他伴奏，表达出校园生活的纯真。同时，还有一种以城市民谣的形式表现普通人日常生活的作品，如艾敬的《我的1997》、李春波的《一封家书》等，在当时盛行一时。

90年代的港台音乐可谓是到了黄金时代，在大学生中也出现了一个新鲜的名词——“追星族”。张雨生、童安格、“小虎队”、“四大天王”等一批歌星深受人们的喜爱，他们影响了那个年代中国流行音乐的半壁江山，在华语歌唱历史上写下了重要的一笔。

这个时期的中国流行音乐风格各异，每种音乐都有其鲜明的特点，深刻地影响着这个年代的人们。

（三）21 世纪的流行音乐

20 世纪末，中国流行乐坛为了迎合大众口味，开始模仿欧美日韩的风格，诸如 R&B、Hip-Hop，听上去大都千篇一律。而 21 世纪初中国流行乐坛刮起的“中国风”，则显得尤为成熟，把中国特有的戏曲唱腔与现代的配器相结合，使人耳目一新，迅速流行开来。如陶喆的《SUSAN 说》、王力宏的《花田错》等。周杰伦的出现更加颠覆了人们对流行音乐的认识，他的多首歌都具有中国风的风格，如《东风破》《菊花台》，有很多著名的歌唱家翻唱演绎他的一些作品，还有一些学者开始研究他的歌词，他有着自己的内涵和元素，这种既摆脱了模仿欧美日韩音乐风格的怪圈，又有本民族独特的音乐风格的作品，这种发展是可喜的。如 S. H. E 的《中国话》所唱到的“各种颜色的皮肤，各种颜色的头发，嘴里念的说的开始流行中国话”“孔夫子的话，越来越国际化，全世界都在讲中国话”歌词唱出了中国流行音乐正在探索的道路，以及今后的发展。

从 R&B、Hip-Hop 到“中国风”的不断探索的过程，正是中国流行音乐在不断的挖掘中国元素的过程，现在流行音乐正是经历了这样一个过程，它与 20 世纪 80、90 年代的歌曲截然不同，感觉一夜之间，好像一切都变了。

与此同时，网络文化以其独有的特点快速发展起来，老百姓参与各类文化活动的积极性和参与方式都有所改变。“超女”“快男”等各类选秀层出不穷，随之涌现出了一批批平民歌手。但是，一些选秀类节目底蕴浅薄，内涵不够丰富，很快就被市场淘汰了。

过去的几十年，是华语流行音乐波澜壮阔的几十年，不同的时代、文化背景创作出不同的音乐，各个时期的流行音乐在发展历程中也是相互影响，交融互补，并在创作风格和演唱风格两方面表现出的不同风格特色，形成了百花齐放、万紫千红的欣欣景象。信息时代，我们足不出户就可以欣赏到全世界的流行音乐，越来越多的人也拿起话筒，走出家门、走上舞台，唱响幸福的歌谣。同时，话筒更多走进百姓家，老百姓也能在舞台上实现自己歌星的梦想。流行音乐发展到今天，是经济繁荣的象征，也是和谐社会的体现，流行音乐的平民化、大众化更能说明流行音乐能广泛深入人心。经济的发展会推动流行音乐加快发展的脚步，更多优秀的流行音乐作品进入老百姓的生活，流行音乐还会继续呈现出更加生机盎然的景象。

三、中国民歌

民间民族音乐是农民自己利用农闲时节，自编自演、自娱自乐，具有地方特色的音乐，如山歌、小调、快板、秧歌、二人转、花灯、扇子舞、折子戏等。随着农民物质生活水平的不断提高，精神生活上的享受不断提升，农民对音乐欣赏方面各种信息量不断加大，不仅需要向中央、省、市、县送下乡的高品质文艺晚会，更加值得重视的是本乡本土的民间民族传统音乐文化，由于它产生于本土，扎根于农村的广阔土地，反映农村地区的文化发展历史和当地农民群众的审美情趣，具有浓厚乡土气息和民族特色，因而在农村音乐文化建设中有着举足轻重的地位。

中国民歌是劳动人民集体的口头诗歌创作。民歌就是民间的歌，是劳动人民的歌。民歌起源于劳动，产生在劳动人民的社会实践中，它经由广大人民群众口头传唱、广泛流传和集体加工而形成，是人民群众集体智慧的结晶。

我国民歌有着悠久的传统，远在原始社会里，我们的祖先在狩猎、搬运、祭祀、仪式、求偶等活动中开始了他们的歌唱。《诗经》是我国最早的一部民歌词集，它的鲜明特点是运用现实主义的艺术手法，真实地反映了当时的社会生活、阶级矛盾以及劳动人民多方面的生活。

1919 年“五四”新文化运动，民歌进入了一个新的阶段，反帝、反封建的民歌达到了高潮。1921 年中国共产党成立以后，随着广大农牧民的觉醒，民歌得到了振兴。这个时期民歌的显著标志是，大量的内地新民歌向东部沿海地区传播，部分边疆兄弟民族的民歌也向中原地区传播，反映人民革命和团结一致抵抗外来侵略题材的新民歌，空前繁荣。

1949 年中华人民共和国成立以后，劳动人民才真正得到尊重，中国民歌进入了一个崭新的时期，反映人民新生活的民歌如春笋般的大量涌现出来，不但题材新颖，而且音乐格调更加活发、热烈、开朗、明快，充满了向上的激情和乐观主义精神，由于各个民族以往的社会经济、文化发展的不平衡，有不少民族甚至尚无文字，民歌仍然是他们的主要艺术形式，也是日常生活中不可缺少的一部分，而且大都保留着“诗、歌、舞”相结合的形式。

我国各民族的民间歌谣蕴藏极其丰富，数量相当多。至于当今仍流传于民间的传统歌谣和新民歌，更是浩如烟海，这些民歌就形式而言，汉族的除民谣、儿歌、四句头山歌和各种劳动号子之外，还有“信天游”“爬山歌”“赶五句”以及“四季歌”“五更调”“十二月”“十枝花”“盘歌”等备具特色的多种样式。至于像藏族的“鲁”“协”、壮族的“欢”、白族的“白曲”、回族的“花儿”、苗族的“飞歌”、侗族的“大歌”、布依族的“笔管歌”、瑶族的《香哩歌》等，都各具独特的形式。

就风格而言，苗歌、瑶歌古朴浑厚，藏歌、傣歌光丽优美，蒙古族民歌健朗悠扬，鄂伦春族民歌则粗犷有力。同是"花儿"，保安族和东乡族的韵味不同，宁夏和青海的也各有异。同是汉族民歌，北方的以豪放见长，南方的则比较委婉。

总之，中国的民歌历史悠久、蕴藏丰富，具有丰富的休裁和多样的风格，它在反映人们生活的同时满足了人们的审美需求，对于各民族文化间的交流和社会的发展，起着不可估量的推动作用，是中华民族取之不尽、用之不竭的艺术宝库，是世界民族文化中的艺术精品。

根据不同的民族文化背景以及民歌的不同风格色彩，中国民歌大体可以分为以下几个不同的风格色彩区。至于每个民歌区的民歌分类，由于民族不同，各自有其传统的分法，不可能划一，只能存异。

拓展阅读

[蒙古族民歌]

蒙古族民歌以声音宏大雄浑、曲调高亢悠扬而闻名。其内容非常丰富，有描写爱情和娶亲嫁女的，有赞颂马、草原、山川、河流的，有歌颂草原英雄人物的等等，这些民歌生动地反映了蒙古民族的风土人情。蒙古民歌从音乐特点来讲，大致分为"长调"和"短调"两大类。

"长调"民歌主要流行于东部牧区以及阴山以北地区，特点是字少腔长，富有装饰性，音调嘹亮悠扬，节奏自由，反映出辽阔草原的气势与牧民的宽广胸怀。牧歌、思乡曲、赞歌等大多属于长调。闻名的曲日有《辽阔的草原》《牧歌》等。"短调"主要流行在西部、南部半农半牧区，其特点是结构短小，节奏规整，不少叙事歌、情歌、婚礼歌都属于"短调"。著名的短调民歌有《森吉德马》《小黄马》等。草原文化民歌的共性是表现出草原牧民的质朴、爽朗、热情、豪放的情感与性格。

欣赏　《牧歌》是蒙古族长调牧歌的一首代表歌曲。歌词充满诗情画意，旋律具有内蒙古民歌中优美、抒情、高亢、悠扬的特点，加上舒展、悠长的节奏，淋漓尽致地展现了美丽富饶的草原一派迷人的景色，也抒发了内蒙古人民对自己故乡深沉真挚的感情。

[新疆民歌]

这个民歌区地处新疆，以维吾尔族、哈萨克族民歌为代表，它受来自中亚伊斯兰传统文化的影响，与阿拉伯音乐文化有着一定的联系。维吾尔族是一个能歌善舞的民族，新疆素有“歌舞之乡”的美称。民歌有爱情歌、劳动歌、历史歌、生活习俗歌四大类。维吾尔族民歌在音调方面包括了中国、阿拉伯、欧洲三种音乐体系，它是中国民歌音调多元化来源最突出的一种。有不少民歌是与舞蹈相结合的，具有活泼、风趣的格调。闻名中外的民歌有《阿拉木汗》《半个月亮爬上来》《达坂城》《送我一朵玫瑰花》等。

欣赏　《半个月亮爬上来》是一首新疆乌孜别克族的歌曲，甜美、幽静、意境深远，中国式的“小夜曲”。歌曲表现了在温馨的夜色里，年轻人尽情地享受着爱情的喜悦。

[藏族民歌]

这一民歌区包括西藏自治区和青海、四川的部分藏族聚居地区。在藏族音乐宝库中，民歌占有重要的地位。藏族民歌可谓浩如烟海，丰富多彩，东西南北独具特色，风格各异。藏族民歌的特点是音调悠长，音域宽广，节奏自由。包括山歌（牧歌）、劳动歌、爱情歌、风俗歌、颂经调五大类。民歌演唱活动大都与佛教节日有关，民歌中不少是与舞蹈结合在一起的，如“囊玛”“堆谢”“果谢”“锅庄”等歌舞品种。音乐属于中国音乐体系，民歌一般特点为热情、开朗、诚挚、动人，极富高原特色，节奏律动性强。闻名的民歌有《北京的金山上》等。

欣赏　《北京的金山上》原来是一首箭歌（即狩猎歌），最初流传在西藏的东南部林区。如今成了流传全国的新民歌。

[西南高原民歌]

这一民歌区包括云南、贵州、广西等地的少数民族地区一带。有二十几个不同民族聚居在这里。该区民歌有着不同层次的古老文化特征，具有特殊的社会功能，民歌大多为“诗、歌、舞”相结合的演唱形式，内容复杂多样，同时存在着不同历史阶段的民歌。由于许多民族没有文字，民歌成了他们记载历史、传播知识以及进行社交活动的重要手段，已成为日常生活中不可缺少的一部分。所有这些都反映出特殊的、多层次的文化现象。这一地区代表性民歌是多声部民歌。多数民族都有二声部、三部民歌。民歌的分类有“大歌”“小歌”。内容以爱情为主，一般是青年男女在室内用小嗓轻声唱，如《小河淌水》。

欣赏　《小河淌水》描绘了一个充满了诗情画意的悠远意境：银色的月光下，四周一片宁静，只有山下的小河不时发出潺潺的流水声。聪慧美丽的阿妹，见景生情，望月抒怀，把对阿哥的一片深情倾注在优美的旋律中。

[甘肃、青海民歌]

这一民歌区包括甘肃、青海、宁夏的黄河上游地区，有汉族、回族、土族、撒拉族、保安族、东乡族、藏族、裕固族等民族聚居的区域。自古以来属于半农半牧文化范畴。历史上曾经是“丝绸之路”必经之地，东西文化交流较早，由于长期的多民族交化交融，产生了八个民族并有的歌种——“花儿”。该区民歌可分“家曲”，“野曲”两大类，“家曲”包括各种酒曲、宴席曲、小词、秧歌等；“野曲”包括“花儿”在内的各种山歌、牧歌等。野曲只能在室外唱。“花儿”为代表性歌种，曲调高亢悠长，格调深沉婉转，气质粗犷、淳朴。不论哪个民族都使用汉语演唱，而各民族有自己的衬词，中外闻名的曲目有《上去高山望平川》。

欣赏　《上去高山望平川》是青海民歌，是一首青海“花儿”的典型传统曲调。“花儿”流行在我国西北甘肃、青海和宁夏相毗连的广大地区。是生活在这里的回族、汉族、东乡族、土族、撒拉族和保安族人民共同创造的一种具有浓郁地方特色的山歌形式。花儿的曲调当地人称做“令”，如“河州令”“土族令”“尕马儿令”和“脚户令”等。《上去高山望平川》的曲调是“河州令”。河州即今之甘肃临夏，素有“花儿之乡”之称。“河州令”是花儿中流行广、影响大、最有代表性的曲调之一。歌词寓意深刻，富于想象，旋律高亢开阔、自由舒缓，富有西北地方色彩特点。乐段由上、下两个乐句构成，乐句悠扬宽长，起伏度大，深刻地抒发了在旧社会中，青年男女纯真的爱情由于封建礼教的束缚和封建势力的阻挠而不能实现，只能望“花”兴叹的感慨心情。

[中原及东部沿海汉族民歌区]

汉族民歌区在六个区中属于最大的一个，从寒冷的北方到亚热带的南方，从西北高原、西南高原到东部沿海平原，地理条件、风俗习惯、生活、生产方式多种多样。语言虽同属汉语，但各地方言不同。东、西、南、北差异很大，民歌的风格特点也呈现出多种特征。另一方面汉族在北方草原民歌区、西北半农半牧民歌区以及西南高原多民族民歌区都有千万以上的人口，因此，民歌区部分重叠的现象也是存在的。

(1) 山东民歌。山东民歌具有质朴、醇厚、强悍、粗犷、诙谐和风趣等特点，表现山东人民朴实、憨厚的性情，往往以生活小调最为突出。表现山东人民和大自然斗争的伟大气魄、坚强意志和英雄性格的歌曲就会表现出强悍、粗犷的特点。

欣赏　《沂蒙山小调》抗日战争时期，八路军山东抗日军政大学一分校的文艺工作者用这个曲调编配了一首新歌，叫《打黄沙会》，用以配合对黄沙会的斗争。以后，在这首歌的前两段加上了赞美沂蒙山风光的歌词，同时又加上了歌唱新生活、歌颂领袖的内容。它的曲调优美抒情，音调丰富，旋律舒展。

(2) 东北民歌。是指流行于东北三省汉族小调的统称，它的歌词是东北人民生活语言的诗话。因地理、语言、生活习性养成的东北人豪爽的气质，在民歌中往往得以充分体现。东北民歌中有些曲调是受地方戏二人转唱腔的影响，因此显得非常富有地方色彩，生动活泼，反映了劳动人民开朗的性格和丰富的生活情趣。《东北风》《摇篮曲》《小拜年》已成为具有代表性的东北民歌，久唱不衰，深受人们的喜爱。

欣赏　《摇篮曲》是一首辽宁新民歌，它描述了在月明、风静、蛐蛐儿叫的夜晚，母亲对宝宝快快成长的祝福之情。

(3) 陕北民歌。该区包括山西、陕西大部、河南西北部、内蒙古河套地区以及甘肃、青海、宁夏回族自治区的汉族聚居地区。东面以太行山为界与东北部民歌区分开，南北各为阴山以南，秦岭以北，属于黄河中上游地区。过去交通不便，民间音乐较少与外地交流，使用西北的北方方言。民歌以山歌最为突出，包括有“信天游”“山曲”“爬山调”以及“花儿”。其次为秧歌、小调。全国闻名的曲目有《走西口》《赶牲灵》《兰花花》等。

欣赏　《兰花花》陕北传统民歌，以纯朴生动、犀利有力的语言，热情歌颂了一位封建时代的叛逆女性——蓝花花。这个被称为普天下最聪明、最美丽的好姑娘，竟被强行嫁给一个“好像一座坟”的周家“猴老子”。但是蓝花花并没有屈服，为了追求幸福，她不惜拼上性命，坚决反抗封建礼教。民歌以优美流畅、开阔有力的信天游曲调咏唱，并吸收了叙事的手法，用分节歌的形式，深刻地表现了歌词的内容，成功地塑造蓝花花的形象。

(4) 江南民歌。该区包括江苏南部、上海，以及浙江大部，地处长江下游，是古代的吴、越之地。文化比较发达，人民生活较富裕，历来有江南鱼米之乡之称。使用方言为吴语。民歌以小调为主，闻名的曲目有《紫竹调》《无锡景》《茉莉花》等。

欣赏　《茉莉花》是一首优秀的传统民歌，曲调优美抒情，婉转严谨，歌词生动含蓄，借花言情。以曲折的手法，隐喻青年男女对自由幸福的爱情和美好生活的向往与追求。

这首优秀的歌曲被作为中国名歌的典型，广泛传播，意大利作曲家普契尼在歌剧《图兰朵》中就吸取了“茉莉花”的音调。

四、中国民族乐器

中国民族乐器历史悠久，源远流长。仅从已出土的文物可证实：远在先秦时期，就有了多种多样的乐器。如新石器时代文化遗址浙江河姆渡出土的骨哨，河南舞阳县的贾湖骨笛（最早的笛子距今8 000年左右），仰韶文化遗址西安半坡村出土的埙，河南安阳殷墟中出土的石磬、木腔蟒皮鼓；湖北随州曾侯乙墓（公元前433年入葬）出土的编钟、编磬、悬鼓、建鼓、枹鼓、排箫、笙、篪、瑟等。这些古乐器向人们展示了中华民族的智慧和创造力。

先秦时期的乐器，见于文献记载的有近70种。仅在《诗经》中提及的就有29种，打击乐器有鼓、钟、钲、磬、缶、铃等21种，吹奏乐器有箫、管、埙、笙等六种，弹弦乐器有琴、瑟等两种。由于乐器品种的大大增加，于是在周代时产生了根据制作乐器的不同材料而分为：金、石、土、革、丝、木、匏、竹八类，称作“八音”分类法。

新中国成立以来，我国的乐器制作者和音乐工作者密切配合，进行了一系列乐器改革工作，各种民族乐器的制作质量、表现性能都有很大提高，新型的改良乐器不断涌现，现代大型民族管弦乐队已初具规模。

目前，民族乐队的乐器多按演奏方法及音响效果划分为四大类表7-1。

表7-1　民族乐器分类

演奏方式	乐　　器
吹管乐器	笛子、箫、笙、唢呐、管子等
拉弦乐器	板胡、二胡、高胡、中胡等
弹拨乐器	扬琴、柳琴、琵琶、阮、三弦、筝等
打击乐器	鼓、板、钹、云锣、大锣等

（一）吹管乐器

中国吹奏乐器的发音体大多为竹制或木制，具有色彩鲜明、个性突出、声音响亮的特点，根据其起振方法不同，可分为三类。

第一类：气息经过吹孔，引起空气柱的振动而发音的，如笛子、箫、埙等。

第二类：气息经过哨子，引起空气柱的振动而发音的，如唢呐、管子、双管和喉管等。

第三类：气息经过簧片，引起空气柱的振动而发音的，如笙、芦笙、巴乌等。

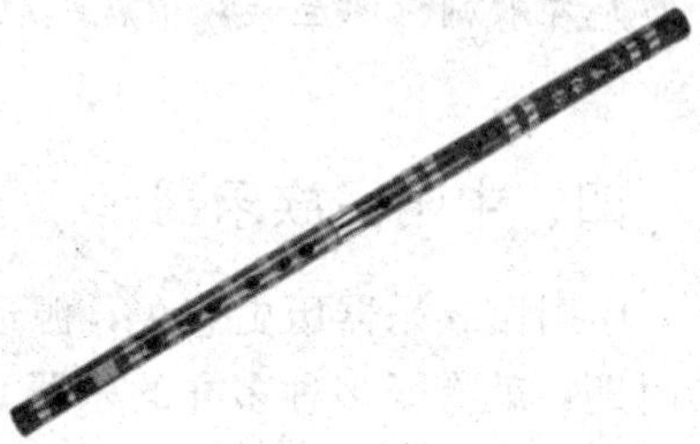
笛 子

1. 笛子 笛子在战国末期之前已经流行，约有2000多年的历史，是我国很古老的流行非常广泛的一种乐器。它体积小，携带方便，发音清脆嘹亮，表现力丰富，深受人们喜爱。

传统的笛子为竹制，有六个按音孔，一个吹孔和一个笛膜孔。吹奏时，由竹管内空气柱的振动而发音。

现代常用的笛子分为梆笛和曲笛两种。梆笛因给梆子腔伴奏而被命名为梆笛。梆笛音色高亢，辽阔而明亮，尤其适合演奏活泼欢快的曲子。曲笛，因给昆曲伴奏而被命名为曲笛。曲笛音色较圆润，尤其适合演奏抒情的旋律，代表性的笛子独奏曲目有《五梆子》《喜相逢》《鹧鸪飞》《秋湖月夜》等。

笙

2. 笙 笙为我国古老的一种乐器。在公元前15世纪殷代的甲骨文字中就有关于笙的记载。笙的构造可粗分为笙簧、笙苗、笙斗三个部分。他的音色清透明亮，音域宽广。以簧片振动发音，吹吸皆可演奏，代表曲目有《草原巡逻兵》《快乐的女战士》《交城山》等。

3. 唢呐 唢呐原是波斯（现伊朗）、阿拉伯的乐器，明朝前后已流行于我国中部，至今在民间婚丧及民俗节日中都有唢呐，为民间运用最广泛的乐器之一。唢呐的音色高亢明亮，除用于合奏、独奏外，也用于戏曲、歌舞伴奏，其代表曲目有《百鸟朝凤》《小开门》等。

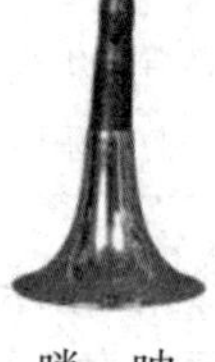
唢 呐

（二）拉弦乐器

拉弦乐器主要指胡琴类乐器。其历史虽然比其他民族乐器较短，但由于发音优美，有极丰富的表现力，有很高的演奏技巧和艺术水平，拉弦乐器被广泛使用于独奏、重奏、合奏与伴奏。拉弦乐器有二胡、板胡、京胡等。在民族乐器中二胡、板胡、京胡是我国主要的拉弦乐器。拉弦乐器的音色柔美，善于润腔装饰，音色似人声，表现力丰富，擅长于演奏抒情性、歌唱性的旋律。

1. 二胡　二胡的前身是北方游牧民族所使用的奚琴，并逐渐由奚琴转化而来。二胡的音色近似于人声，善于演奏柔美、流畅、多变的曲调。二胡是独奏乐器，又是民族管弦乐队里的主要声部。代表作有《二泉映月》《光明行》《赛马》等。

二　胡

2. 板胡　板胡又叫梆胡、秦胡、大弦，主要流行于东北、山西、陕西、甘肃和华北等地区。它的音色高亢、明亮，适于演奏活泼欢快的曲子，在民族管弦乐队里经常处于领衔的地位。代表作有《灯节》《牧民归来》等。

3. 京胡　京胡是中国的传统拉弦乐器，是中国传统戏曲京剧的主要伴奏乐器。琴筒和琴杆均为竹制，音色坚实、慷慨、明亮。

（三）弹拨乐器

弹拨乐器是用手指或拨子拨弦，及用琴扦击弦而发音的乐器总称。弹拨乐器的音色清脆明亮，擅长演奏活泼跳荡的旋律和鲜明的节奏，表现力丰富，是民族乐队中极有特色、不可缺少的乐器。中国弹拨乐器种类繁多，根据乐器的形制、性能和演奏方法的差别，弹拨乐器大致可分为三类：

第一类：抱握弹奏类，以琵琶为代表，包括柳琴、月琴、阮、秦琴、三弦等。

第二类：平置弹奏类，有古琴、古筝等。

第三类：打弦乐器，用琴扦击弦发声的扬琴。

1. 琵琶　琵琶是梨形音箱，装有四根琴弦，琵琶的音色低音部分浑厚，高音部分清脆，中音部分明亮。它的表现力丰富，既能表现热血雄壮的气魄，又能抒发轻俏优美的感情，是一种很有表现力的弹弦乐器。代表作有《十面埋伏》《阳春白雪》《金蛇狂舞》等。

2. 古筝　古筝又称秦筝。古筝是木质长条形音箱，弦下设筝柱。古筝能够拨奏双音、和弦及各种华丽的快速音型，擅长表现行云流水的意境和抒情委婉的情调，是表现力丰富的独奏乐器，常用于重奏、伴奏及合奏。代表作有

《渔舟唱晚》等。

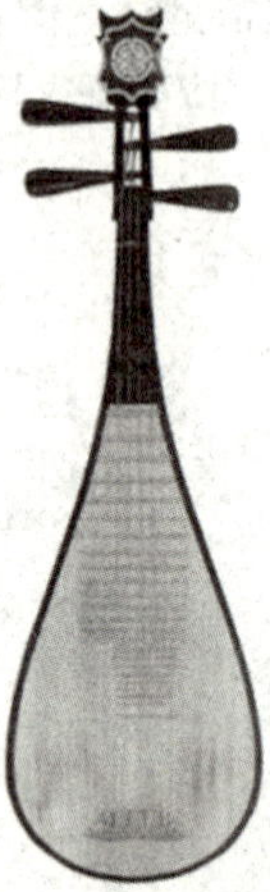

琵 琶

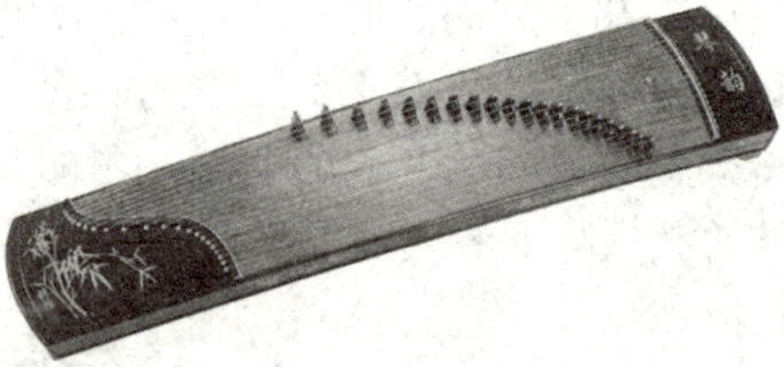

古 筝

3. 扬琴 扬琴也称洋琴、打琴，是中国民族乐队中必不可少的乐器。其音色具有鲜明的特点，音量宏大，清脆明亮，表现力极为丰富，可以独奏、合奏或为琴书、说唱和戏曲伴奏，在民间器乐合奏和民族乐队中占有十分重要的地位。

扬 琴

(四) 打击乐器

打击乐器是指通过敲击发声的乐器，他是民间歌舞、说唱、戏曲中不可缺少的伴奏乐器，是我国民族乐器中具有特色的组成部分。中国民族打击乐器品种多，技巧丰富，具有鲜明的民族风格。中国打击乐器不仅是节奏性乐器，而且每组打击乐器都能独立演奏，对衬托音乐内容、戏剧情节和加重音乐的表现力具有重要的作用。民族打击乐器在中国西洋管弦乐队中也常使用。

民族打击乐可分为有固定音高和无固定音高的两种。无固定音高的，如：大、小鼓，大、小锣，大、小钹，板、梆、铃等；有固定音高的，如：定音缸鼓、排鼓、云锣等。

根据打击乐器的制作材料、乐器形式和音响效果，可分为鼓类、锣类、钹类、板类。

鼓类有大鼓、小鼓、排鼓、板鼓等。

锣类有大锣、小锣、云锣、十面锣、定音锣等。

钹类有大钹、中钹、小钹、大小饶等，与钹类相近的有碰铃等。

板类有拍板、竹板、梆子、木鱼等。

1. 鼓　在古代用途很广泛，固定地用于仪式、祭祀、民间音乐等。随着时代的发展，鼓更是现代重要的乐器，现在经常用的有大鼓、腰鼓、排鼓、铃鼓等。

2. 钹　用两面组成，两面为一副，用响铜制作而成。演奏时双手各握一面，互相撞击。

鼓

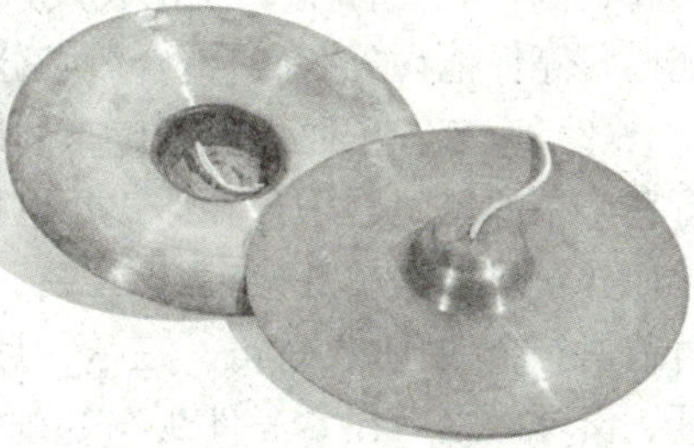

钹

3. 锣　分大、中、小三种。大锣多用于大型乐队、中锣用于中小型乐队、小锣用于民间戏曲。锣的音色低沉，浑厚有力，常用来渲染情绪，烘托气氛。常用的锣有手锣、小锣、云锣等。

（五）中国民间器乐合奏常见乐种

1. 打击乐合奏　打击乐合奏指纯由打击乐器组合的合奏音乐，在民间节日或风俗性活动中常见。打击乐合奏充分发挥了中国打击乐器的特色，以各种乐器的不同音色、音响的多样化组合，丰富又复杂多变的节奏、节拍以及力度的变化来表现各种气氛和情绪，或热烈红火，或轻巧活泼，或庄严雄壮。

2. 吹管乐合奏　吹管乐合奏指由吹管乐为主兼有少量打击乐器的合奏音乐，普遍流行于民间婚丧喜庆活动中。

3. 丝弦乐合奏　丝弦乐合奏指由几件拉弦乐器和弹拨乐器合奏的音乐，又称弦索乐。丝弦乐合奏以优美、抒情、质朴、文雅见长，适于室内演奏，风格细腻。乐曲多数为短小的抒情乐曲，也有部分较长的套曲。

4. 丝竹乐合奏　丝竹乐合奏指由弦乐器和竹管乐器合奏的音乐，主要盛行于南方。在丝竹乐中一般不用唢呐和管，也不用大锣、大鼓之类音响强烈的打击乐，具有乐队规模较小，音乐情趣轻快活

锣

泼，演奏风格精致细腻，音乐性格优美、柔和、雅致的特点。主要乐种有江南丝竹、广东音乐、福建南音、云南丽江的白沙细乐等。

（1）江南丝竹流行于江苏南部和浙江一带。其乐队编制一般为7至8人，少则2至5人，以笛（或箫）和二胡为主奏乐器，其他常用乐器有小三弦、琵琶、扬琴、笙、鼓板、木鱼、碰铃等。乐器组合灵活多变，演奏时每种乐器只有一件，演奏者可根据该乐器性能作即兴发挥，在同一曲调基础上奏出不同曲调。各乐器在配合中，常采取“你进我出，我进你出；你繁我简，我繁你简；你高我低，我高你低；你正我反，我正你反；你长我短，我长你短；你停我拖，我停你拖；分久必合，合久必分；同中有异，异中有同”（花音八法）的方法。

（2）广东音乐原意泛指广东的民歌、说唱、戏曲和民间器乐等，后仅指流行在广东的民间器乐合奏形式，也称广东小曲。广东音乐的乐器组合随时代变化而异，早期是“五架头”：二弦、提琴（筒身竹制，前端嵌以薄木板，后端竹节凿有金钱孔）、竹笛、三弦、月琴；后改为“三件头”：高胡（粤胡）、扬琴、秦琴。之后在“三件头”基础上加其他丝竹乐器如琵琶、椰胡、笛、箫、唢呐、木鱼、碰铃等。音色清脆明亮，旋律流畅，节奏活泼多变。句法上常用“回文句”和“排比句”，音乐风格热烈明快。

5. 丝竹锣鼓乐合奏 又称吹打乐，是民间节日风俗性活动以及婚丧喜庆中常见的器乐形式。以吹管乐器和打击乐器为主，丝弦乐器为辅；以结构中有独立完整的锣鼓段落为特征。

（1）苏南吹打。盛行于江苏南部苏州、无锡一带，历史悠久。以笛和鼓为主奏乐器，吹管乐器可用箫、笙或小唢呐等，丝弦乐器有二胡、板胡、琵琶、三弦等，打击乐器有板、点鼓、板鼓、云锣等。实际演出中有多种不同的乐队组合方式。

（2）山西鼓乐。流行于山西省北部五台、定襄等县，历史悠久，传统深厚，至少在清代中叶已在民间流传；多用于婚丧喜庆、节日庙会等场合，也曾被五台山青庙宗教音乐所吸收，在禅门佛事中演奏。乐队编制少则10人左右，多可达数十或上百人；以管子为主奏乐器，另有海笛、笛子、笙等吹管乐器；打击乐器有板鼓、大钹、大锣、小锣、云锣、梆子等。

6. 民族管弦乐合奏 中国传统乐种中的民乐合奏，以小型多样、地域性强、地方特色浓郁为特点。民族管弦乐队吸取了传统乐种中各类乐器组合的优点，根据民族乐器的性能、特点和音色等情况，并考虑到高、中、低声部的配合与音量的均衡、音色的协调等因素，一般包括四个乐器组：吹管乐组、弹拨乐组、拉弦乐组、打击乐组。由于乐队的大小编制不同，选用的乐器的各类和数量也不同，常用乐器如下：

吹管乐组：笛、箫、笙、唢呐、管等。

弹拨乐组：柳琴、琵琶、中阮、大阮、扬琴、筝、三弦等。

拉弦乐组：高胡、二胡、中胡、大胡、低胡等。

打击乐组：定音鼓、锣、鼓、钹、碰铃、木鱼、云锣等。

拓展阅读

民族管弦乐合奏曲《春江花月夜》

民族管弦乐合奏曲《春江花月夜》共分九段一尾声，属多段体结构，也是自由变奏体。在各段结尾用了统一的终止型乐句。各段小标题及表现内容是：

[江楼钟鼓]　全曲的引子，琵琶奏出的由慢渐快、由弱渐强的音型，模仿黄昏江边钟楼鼓声；接着出现箫歌声（全曲主题的核心），紧接着又是一阵同音反复的箫鼓声。主题如歌的旋律，恬静柔美；采用同音承递，下行模进和材料展衍等手法发展而成。

[月上东山]　主题在上四度音区上的自由模进。

[风回曲水]　是前两段的综合，主题的陈述更为完善。

[花影层叠]　是上一段的变化，头尾基本相同，中间以若干短句作同音承递的下行模进。

[水深云际]　运用主题的种子音调加以展开，头尾基本同主题，中间是种子音调展开部分，颤音的运用有独到的艺术效果。

[渔歌唱晚]　此段变奏时，在上五度调是发展了新的节奏音型，并以此为核心音调作连续下行模进，尾部主题变化出现。

[洄澜拍岸]　第一句是上一段的压缩，以均匀的节奏出现，然后主题以舒展的节奏构成一连串同音承递的下行模进音调。

[桡鸣远濑]　前半部以具有动感的附点音符节奏型作模进，后半部是主题的压缩。

[欸乃归舟]　全曲的高潮。前半部主题音调配以较为固定的节奏型，音型向下模进，配合旋律作递升与递降的交替进行；渐快的速度、渐强的力度，造成桡声、浪花声、人声交织一片的动态感，将音乐推向高潮。后半部与上一段的后部相同，回到优美如歌的主题。

[尾声]　由主题的部分音调剪接组合成旋律，以舒展徐缓的节奏，轻柔地、渐渐地消失，一切归于宁静。

专题八 丰富多彩的文化娱乐形式

一、中国合唱音乐

合唱作为一种人们积极参与的文化娱乐形式，是群众性文化活动的重要组成部分，是打造文化品牌，展示文化底蕴，提升参与者文化素质，活跃群众文化生活的有效载体，也是推动精神文明建设，创建文明城市，构建和谐社会的重大举措，合唱已经成为人们必不可少的“精神文化大餐”。让百姓在激情放歌中陶冶情操、抒发情怀。

多声合唱音乐的传统最先源自欧洲中世纪的基督教音乐，距今已有近千年的历史。中国合唱音乐的发展，跟20世纪末西方基督教音乐在中国的流传和21世纪初随着“新学”兴起而形成的“乐歌”运动，有着密切的联系，距今还只一百年左右的历史。合唱是集体的声乐艺术，是演唱多声部声乐作品的音乐形式，它以统一和谐的声音，抒发一致的情感，表达共同意志的音乐形式。我国合唱艺术事业是在传统的、广泛的、群众性的歌咏活动基础上发展起来的，运用合唱艺术这种形式表达时代的特色与人民的心声，是社会的需要、人民的需要。合唱艺术这种形式最善于表达人们共同的心愿和时代的声音，在各个不同的历史时期都能起到鼓舞人民、团结人民和宣传人民的作用。作为同中国人民政治生活联系密切的中国合唱音乐的发展，是社会政治变革与时代现象一种曲折的、直接的反映。

（一）我国合唱音乐的形成期

中国合唱音乐的发展，与20世纪末西方基督教音乐在中国的流传和21世纪初“新学”兴起而形成的学堂乐歌活动有着密切的联系。基督教音乐来到中国始于20世纪之初，至今只有一百多年的历史。清朝末期，在学堂课程中设有“乐歌”，从此，开始建立音乐教育体系，标志着中国现代音乐教育的萌芽。后来的音乐界将这一时期为学堂歌唱而编创的歌曲统称为“学堂乐歌”。学堂乐歌所唱的都是外国歌曲，取其歌调重新填词以及中国古曲新唱，约有百余首在学堂中传唱，由此开始了中国的歌咏活动。

由沈心工作曲、杨度作词的《黄河》，是中国第一首齐唱创作作品。这首质朴、雄浑、富有民族性格的作品完成于1905年，开启了中国合唱的历史。接着，早期音乐教育家李叔同于1913年创作的三部合唱《春游》，是中国多声部合唱的纪元之作，也是我国多声部合唱早期最具代表性的作品；他的二部合唱《送别》是流传最广、最久的，堪称百年不衰。“长亭外，古道边，芳草碧连天”传之于后世。此后，留学国外的音乐家陆续回国，在投身音乐教育的同时，又进行音乐创作，使合唱作品的创作日益繁荣，展现出一条快速发展的轨迹。

日本帝国主义发动的侵华战争引起中华民族坚决而激烈的抵抗。“九一八”掀起了民族解放的浪潮，一场空前的抗日救亡歌咏运动响彻大江南北。就在1931年“九一八”事变之后，黄自创作出第一首抗战合唱歌曲《抗敌歌》（原名《抗日歌》），1935年聂耳的《义勇军进行曲》（现《中华人民共和国国歌》）也在民众中唱响。

中国人民经历了那样多的苦难，在合唱音乐中必然留下不能忘怀的记忆，抗日战争初期所产生的黄自的《旗正飘飘》、夏之秋的《歌八百壮士》、吴伯超的《中国人》、贺绿汀的《游击队歌》是四首里程碑式的合唱歌曲，它们气势磅礴、朗朗上口，和声严谨，声部处理恰到好处，可供群众合唱团演唱和作为学习写作的范例。在抗日根据地延安，郑律成的名作《八路军大合唱》、马可的《吕梁山大合唱》、吕骥的《凤凰涅槃》等，以磅礴的气势歌颂了中华民族的解放斗争。随着抗日救亡歌咏运动的不断深入，合唱创作也越来越受到人们的重视，出现了大量优秀的合唱作品。例如聂耳于1934年创作的《毕业歌》、冼星海的《生产大合唱》、麦新的《大刀进行曲》、张曙的《洪波曲》，还有《到敌人后方去》《勇敢队》《巷战歌》等，以鲜明的形象、多彩的形式、通俗的语言，讴歌了中华民族这一壮丽的时代，成为民族精神集中表现的世纪经典之作。

当抗日战争进入到相持阶段时，冼星海的《黄河大合唱》以史诗般的民族气魄诞生了，作为至今仍不能超越的中国合唱音乐的高峰，冼星海作曲的《黄河大合唱》是一部文化珍品，也是一部具有世界性影响的革命历史教科书。

抗战时期，文艺成为革命事业中一个切实有效的组成部分，音乐家们纷纷以笔代刀，这些作品是人民大众的共同心声，成为保卫祖国的战斗号角。直到今天，当我们唱起这些抗日救亡歌曲时，仍会感到热血沸腾，精神激昂，对祖国和人民的热爱之情也会油然而生；还有很多一些作品为振奋民族精神，鼓舞民族斗志，建设强大的社会主义国家产生了巨大的激励作用，激发出学生们的民族自尊心和强烈的爱国主义热情。

（二）我国合唱音乐的成熟期

20世纪50～60年代也是合唱艺术创作较为活跃的时期，新中国刚刚建立，随着整个社会主义经济、文化的迅速发展，特别是专业音乐团体演出的日趋频繁，广大群众的音乐生活也从单纯是自娱方式日渐多样化了。从而激发了作曲家的创作热情，产生了较多的合唱作品。专业、半专业的演唱团体较多，广播电台也乐于传播新歌，这时可说是颂歌和战斗歌曲的海洋。而当战争结束，斗志依然，战争中的优秀歌曲继续高唱，战歌依然是新中国成立后的主流。

由于音乐家接触了很多风格各异、丰富多彩的民歌和外来的一些带有强烈民族风情的合唱作品，得到众多的创作灵感和启发，为作曲家的艺术创作提供了一定的创作经验，也为新中国的合唱事业做出了重要的贡献。如在民歌改编曲方面，麦丁改编的萨尼族民歌《远方的客人请你留下来》、瞿希贤编写的东蒙民歌《牧歌》，以及具有典型意义的《全世界人民心一条》《全世界无产者联合起来》等，沈亚威的《七律·人民解放军占领南京》、杨嘉仁的《半个月亮爬上来》等群众合唱曲也深受群众欢迎。王方亮等改编的无伴奏合唱《三十里铺》《信天游》《红军哥哥回来了》《绣荷包》《兰花花》等一些民歌合唱曲。这些作品在保持原曲质朴优美、深情动人的基础上，运用多声部手法加以改编与发展，充分展示出合唱艺术的丰富特色。在中小型合唱曲中优秀的作品有贺绿汀《人民的领袖万万岁》，罗宗贤、时乐蒙《英雄们战胜了大渡河》，刘炽的《我的祖国》《祖国颂》及音乐舞蹈史诗李焕之的《东方红》中一些为毛泽东诗词谱曲的合唱作品，王莘的《歌唱祖国》、李劫夫的《我们走在大路上》和《阿拉木汗》等。

这时期的歌曲反映了积极的社会风貌，为中华人民共和国成立之初的各族人民提供了丰富的精神食粮，对建设社会主义新中国起到了很大的宣传鼓动作用。在全民团结一心建设社会主义新中国的时代背景下，中国合唱音乐作为最具群众优势的音乐艺术在这时期也有了一些新的变化，实现着新一轮的飞跃。

（三）改革开放后的新发展

20世纪80年代左右的合唱创作无论是题材内容还是艺术形式都进行了大胆而有益的探索，更注重内容的广泛性、题材的多样性、创作观念的个性和创作方法的独特性。新时期较为重要的中小型合唱作品有陆在易的《雨后彩虹》（芦芒词）、《密林深处的歌声》（刘教南曲）、《请把我的奶名儿叫》和瞿希贤的《飞来的花瓣》（望安词）及他改编的合唱曲《在松花江上》《玛依拉》《天上没有北大荒》等、施光南的《周总理，您在哪里》等。大型合唱作品有王西麟的《交响壁画三首——海的传说》、黄田的合唱套曲《彩云之南》和陈怡的《中国神话大合唱》、《诗经五首》（金湘曲）等，还有被广泛传唱的合唱作品如施光南的《在希望的田野上》（晓光词）、伍嘉冀的《喊一声北大荒》、尚德义的《大漠之夜》（邵永强词）、陈国权改编的《夜半歌声》《东方之珠》等。从另一个侧面反映了合唱创作的面貌。

这些作品不但具有鲜明的时代感和浓郁的生活气息，而且在艺术上都具有很高的水准；许多作品以其独特的民族风格和地域风格深受到人们的喜爱，许多旋律优美的合唱作品在群众中广为传唱。改革开放以来，虽然我国合唱作品的创作远远满足不了合唱发展的需要，但是通过多年来积累的这些优秀合唱作品，在一定程度上使我国合唱的整体水平得到了提升。随着改革开放的不断深入，人民生活水平日益提高，人们对于文化艺术的需求也与日俱增，合唱艺术的发展逐渐展现出另一番面貌。合唱艺术是人们追寻艺术梦想中比较容易掌握的一种，同时也是对广大青少年进行良好素质教育的有力工具。合唱作品从当时人民最关注的社会政治、文化生活出发，歌颂新中国不畏艰难、万众一心的精神面貌，起到了很好的宣传作用。这些合唱音乐所表现的爱国主义、集体主义精神是这时期合唱音乐的思想主题，鼓励引导人民迎接美好的新生活，对树立强烈的民族自尊心、自豪感，宣传自立自强的精神具有相当重要的作用。

合唱作为一种外来的艺术形式，与世界各国进行广泛地交流是促进艺术水平提高的必要手段。十一届三中全会后党的改革开放政策，为我国合唱艺术的发展提供了广阔的空间。通过加强对外文化交流为一些合唱团体敞开了走出去的大门，使我们有机会看到了外面的世界。

原中央乐团合唱团、中国广播合唱团和总政合唱团作为国家级的职业合唱团，包括原上海乐团合唱团、广州乐团合唱团和北京军区战友合唱团等职业合唱团，自中华人民共和国成立后到20世纪90年代前期，各自在不同时期对我国群众性合唱的发展一直起着示范作用。例如这些合唱团经过数十年积累的众多古今中外优秀合唱作品，为非职业合唱团提供了学习和演唱的范本。从这个意义上讲，原中央乐团等职业合唱团走出国门，在文化交流中开阔了视野，看到了差距，转变了观念，对我国合唱的发展也产生了一定影响。另外，中国合唱协会先后两次派代表团参加第七、八届世界合唱研讨会，加强了与世界各国之间的交流与沟通，拓宽了我们走向世界的途径。

改革开放以来最大的变化，是非职业合唱团的出访活动非常频繁。出国参加各种比赛的团队越来越多。另外，自改革开放后每年都有许多国外的合唱团来访，各种国际性的合唱比赛也频频在中国举办。在艺术交流中使我们领略到很多先进理念和做法。比如在国际合唱发展的趋势与潮流、合唱的创作思维和手法、合唱的表演形式以及合唱风格的多样性等许多方面，使我们受到了启发，开阔了思路，对我国合唱的发展产生了积极的影响。我国众多合唱团走向国际合唱舞台，不仅使我们有机会展示了自己，同时也使世界了解了中国。尤其是我国众多合唱团队在国际重大比赛中频频获奖，使西方社会意识到，中国的“合唱军团”在当今国际舞台上，已经成为一支不可低估的劲旅。

回顾多年来我国合唱音乐发展历史，清晰地显示出我国合唱音乐的发展是和整个国家的政治、经济、文化以及社会进步相呼应的，每一次的巨大社会变革成为推动合唱音乐发展的强大动力，尽管前进的道路曲折而艰难，但我国的合唱音乐却始终顽强地发展。我国的合唱音乐，不仅是中国宝贵的音乐文化财富，也是世界音乐文化财富重要的组成部分，要想立足于世界，就要有自己的优势。一方面要强化自身的民族意识，强调民族音乐的特点，发扬民族性；另一方面，还要善于学习，借鉴其他国家和民族的音乐，一切有价值的成果和先进技法，为我所用，将其融入我国合唱音乐中。合唱艺术发展到今天，无论内容还是形式，都有了很大的变化。它不仅是人民艺术智慧的结晶，更是蕴藏着中国合唱艺术发展有待于我们深入挖掘的广阔前景。

二、中国合唱曲选

1.《歌唱祖国》 王莘作词作曲的群众合唱歌曲。

王莘，作曲家，1918 年出生于江苏无锡一个农民家庭。1935 年在上海参加抗日救亡歌咏活动。1938 年入延安鲁迅艺术学院音乐系学习，师从吕骥、冼星海。中华人民共和国成立后历任天津歌舞剧院院长、中国音协天津分会主席等职务。曾参加大型音乐舞蹈史诗《东方红》的创作，1981 年出版《王莘歌曲选集》。他的作品多饱含高度的政治热情，贴近时代的脉搏和人民的生活。《歌唱祖国》是他的代表作。

1950 年国庆节前夕，王莘到北京出差。他来到天安门广场，看到彩旗飘扬、红灯高悬，一对对少年儿童挥动花束、奏着鼓乐从面前走过。王莘为这节日的气氛所感染，更为祖国的日益昌盛所激动。在返回天津的火车上，即写出了《歌唱祖国》的音乐和第一段歌词，并于两星期后完成了全部词曲的创作。

《歌唱祖国》是新中国成立初期祖国蓬勃向上、人民情绪高昂的形象写照。它在继承我国群众歌曲创作传统的基础上，大胆吸收了国外革命歌曲的新因素，将雄壮的进行曲体裁与庄严的颂歌体裁完美地结合起来，体现出新中国群众歌曲的崭新风貌。几十年来，它以其深刻的思想性和高超的艺术性而博得中国各族人民的喜爱。1989 年，该歌曲荣获中国唱片公司的创作特别奖（金唱片奖）。

2.《游击队歌》 贺绿汀作曲作词的合唱歌曲。

1937 年 11 月，贺绿汀随上海文化界救亡演剧一队到八路军办事处所在地山西临汾演出时，为我游击队的独特生活和战斗英姿所吸引，经过一个月时间的酝酿，在防空洞里完成了《游击队歌》的词曲创作，并将它献给八路军全体将士。1938 年新年，贺绿汀指挥了该曲的首演，同年 5 月在武汉悼念黄自逝世的纪念会上，作曲家又将它改编为四部合唱演出，《游击队歌》从此不胫而走，成为几十年来深受群众喜爱，广为流传的中国合唱作品。

《游击队歌》产生于艰苦卓绝的抗日战争初期，它以天才的构思、深挚的情感，讴歌了中国人民不畏艰辛、勇敢机智、乐观自信的可贵精神。由于此曲是先写出节奏，再谱出曲调，最后才填上歌词，因此音乐在该歌曲的创作中占有特殊地位。

3.《牧歌》 瞿希贤根据同名蒙古族民歌于 1954 年改编而成的无伴奏合唱歌曲。

合唱是瞿希贤勤于探索并取得卓著成就的领域。她的合唱创作根植于民族音乐的沃土，借鉴西方合唱艺术的经验，是在对合唱艺术的规律和独特表现力有了深刻领悟的基础上完成的，因此常常成为合唱团体的保留曲目，并受到各界听众的普遍喜爱。《牧歌》即是其中的代表作品之一。

蒙古族民歌主要为长调和短调两种，其中长调因地理环境与游牧生活的影响，具有悠远辽阔、节奏自由的特点。它的音阶多为五声，音调进行时有大跳音程出现。《牧歌》正是典型的长调歌曲。

合唱曲《牧歌》在保持了民歌旋律的基础上，经过合唱的多层次渲染，使歌曲的意境和情感得到进一步升华。海默填写的新词，着意于牧民对故土的眷恋、对幸福生活的赞颂和对美好未来的向往。音乐在构思上，偏重于意境的营造，通过纯净与优美的人声，体现着自然的清新及人与自然的交融。

4.《阿拉木汗》 谢功成根据新疆维吾尔民歌改编的无伴奏合唱曲。

谢功成，作曲家。湖南永兴县人，1921 年出生。1942 年考入重庆国立音乐学院随江定仙学习作曲。1948 年赴香港中华音乐学院任教，1949 年回广州，此后曾担任中南音乐专科学校作曲系主任、湖北艺术学院副院长、武汉音乐学院院长等职务。合唱音乐是谢功成重要的创作领域，作品很多。《阿拉木汗》是他早期的一首优秀的合唱改编曲。

阿拉木汗原是一首流传于新疆吐鲁番地区的维吾尔族双人歌舞曲，它以双人边歌边舞的方式，赞美美丽的姑娘阿拉木汗的美貌和可爱。合唱曲在保持了原民歌活泼热烈情绪的同时，充分发挥了无伴奏合唱的艺术魅力。

5.《半个月亮爬上来》 蔡余文、杨嘉仁根据新疆维吾尔族民歌改编的无伴奏合唱。

蔡余文，作曲家。广东陆丰人，1921 年出生。1943 年毕业于西南联大，1944 年加入新音乐社。建国后在广东省歌舞团工作，还曾赴中央和上海音乐学院进修。

杨嘉仁，指挥家。1921 年生于南京。1931 年入金陵大学主修医学和教育，同时在金陵女子文理学院音乐系选修全部音乐课程。1938 年考入美国密执安大学音乐院研究部音乐教育系和理论系，同时选修指挥，后获得音乐教育和音乐理论的硕士学位。它在指挥艺术和音乐教育方面做出了卓越的贡献，同时也创作、改编了不少乐曲和歌曲作品，《半个月亮爬上来》即为其代表作。

主要聚居于我国新疆地区的维吾尔族是一个有着丰厚音乐传统积淀、能歌善舞的民族，由于多民族的杂居相处，维吾尔族音乐融合了中国、欧洲和波斯—阿拉伯三种不同的音乐特色，风格奇特，色彩斑斓。《半个月亮爬上来》就反映出其音乐的这一特性。1939 年，作曲家王洛宾随抗战剧团在青海、西宁演出期间，通过一位维吾尔族商人结识了住在那里的几家维吾尔族群众，《半个月亮爬上来》即是王洛宾在他们演唱时记录下来的。歌曲通过小伙子在月影婆娑的夜晚躲在姑娘窗前，期待得到姑娘的爱慕，表现出青年小伙儿对姑娘的热恋与追求。

6.《祖国颂》 由乔羽作词，刘炽谱曲。

1957 年，为庆祝中华人民共和国成立八周年，中央新闻纪录电影制片厂拍摄了我国第一部大型宽银幕文献纪录片《祖国颂》的主题歌。其中有同名主题歌《祖国颂》，为气势恢宏的大型合唱，由乔羽作词，刘炽谱曲。歌声融于影片生动的纪实画面中，满怀激情地颂赞了新中国所取得的辉煌成就。整首歌意境高远，撼人心魄，对祖国的挚爱之情和民族自豪感充溢其间。

7.《爱我中华》 乔羽词，徐沛东曲，宋祖英演唱。

是为 1991 年召开的第四届中国少数民族运动会创作的会歌。谱曲时广泛采用广西、云南等地少数民族的音调。歌曲原是二段体。第一乐段曲调较活泼，节奏跳跃，音域较窄。

8.《同一首歌》 陈哲、胡迎节作词，孟卫东作曲。

中央电视台在第 11 届亚运会开幕式之前首次播出，并在春节联欢晚会上向全国推出，受到热烈欢迎。该歌曲 1990 年面世后，其优美的童声伴唱加上毛阿敏等歌手的演绎，很快流行开来。

歌曲以诗一般的语言、抒情的旋律和优美的合唱，表达了胜利、欢乐、团结、友谊的美好主题。歌词里用“鲜花”“大地”“春天”“甜蜜的梦”和“阳光灿烂”等词语，表现了我国人民在新时代里，意气风发，欢聚一堂，唱着“同一首歌”畅叙衷肠，展望未来，为实现更加美好的目标——把祖国建设成社会主义现代化强国而共同奋斗的心愿。歌词里用“每一次相逢和笑脸都彼此铭刻”“我们手拉手啊想说的太多”“春天把友好的故事传说”等深情的话语，表达了在改革开放年代，全国各族人民和世界各国人民友好相处的真诚愿望。这“同一首歌”倾诉了人民对和平、友谊的渴望，表达了人们美好、纯洁、憧憬幸福未来的思想感情。

9.《公仆赞》 高赞祥作词，关峡作曲，万山红演唱。

新时期共产党员的楷模孔繁森，是一位两袖清风的好干部。两次进藏工作。曾担任岗巴县委副书记、拉萨市副市长、阿里地委书记。为西藏建设做出了卓越贡献，与藏族群众结下了深厚的友谊。1994 年 11 月 29 日，在去新疆塔城考察边贸途中，因车祸殉职，年仅 50 岁。他的平凡而伟大的事迹，在《人民日报》刊载后，引起很大反响，全国各大报刊先后转载，一个向孔繁森学习的热潮迅猛地开展起来了。江泽民总书记于 1995 年 4 月 29 日亲笔题词“向孔繁森同志学习”，时任国务院总理的李鹏也题词“学习孔繁森同志热爱人民、无私奉献的精神”。歌曲《公仆赞》，就是在这样的形势下诞生了。

关峡，1957 年 6 月生，河南开封人，满族，1985 年毕业于中央音乐学院，是国内外有影响力的知名作曲家。国务院特殊津贴享有者，文化部优秀青年专家，中国东方歌舞团副团长。中国交响乐团团长、优秀作曲家。

近年来创作了几十首歌曲，其中《公仆赞》(1995)，引起了很大的社会反响，被评为中宣部“五个一工程”优秀作品奖和“歌唱孔繁森声乐作品比赛”优秀创作奖，2001 年全国文联首届“金钟奖”的银奖。

10.《走进新时代》　一首红色歌曲，整首歌曲充满了爱国主义精神，旋律充满正气，歌词健康向上。

这首歌以领唱和合唱的形式歌颂了我们伟大的党和人民。具有抒情歌曲的特点，亲切深情反映了对祖国、对人民和对一切美好事物的热爱！进入改革开放后，一曲《走进新时代》，为我们展现了党和国家四代领导集体建设社会主义现代化强国的决心和信念。

这首歌是歌颂我国第三代领导集体的，另外《东方红》是歌颂第一代领导集体的；《春天的故事》是歌颂第二代领导集体的。一首歌标志一个时代，标志一代领导人——这是很有中国特色的歌曲创作。

11.《让世界充满爱》　一部由著名音乐人郭峰作曲的，献给 1986 年“国际和平年”的组歌，100 名歌手在首体同声高唱《让世界充满爱》，这在中国流行音乐史上留下了令人难忘的一笔。

20 世纪 80 年代初，人们对流行音乐总体上是不能接受甚至是排斥的，有关部门曾有硬性规定“三个流行歌手不能同台演出”，这使得流行乐手们始终没有当众举行音乐聚会的机会。在《让世界充满爱》录音之后不久，在文化部门的支持下举办了一场名为《让世界充满爱》的大型音乐会。郭峰认为，这是文化部门第一次对流行音乐破例，足以说明在当年对流行音乐的认可。

12.《相亲相爱》　词作者陈涛，曲作者丁于。与传统意义上的爱国歌曲无论在风格、试听人群、时尚度等方面都有所不同。传统的爱国歌曲将聚焦点放在歌词的“爱国情结”、演唱者的饱含深情、视听体验的大气稳重几个方面，而在歌曲的时代性、时尚度、流传度几个方面稍微欠缺。《相亲相爱》这首歌不仅能够结合传统爱国歌曲的深情、大气等特点，同时在时代性、试听人群的综合性、时尚度几个方面下足了工夫。

首先歌词新颖脱俗，优美而不失隆重，既有中国风歌词的意境，又有白话歌词的简练。其次歌词表达意象包罗万象，不拘泥于传统爱国歌曲的大好河山等单个意象，这首歌里面有气势恢宏的山河、有温暖的灯火人家、有风起云涌的自然……人文自然、天文地理俯拾即是。

三、秧歌

加强新农村文化建设，应该发展农村特色文化。按照业余自愿、形式多样、健康有益的要求，利用节日和集市，组织开展花会灯谜、文艺演出、书画展览、读书征文、体育健身等群众喜闻乐见的活动，发动群众广泛参与，发掘民族民间文化，打造特色文化品牌。许多地方的民族歌舞、地方戏曲、民间书画、雕塑以及各种民间工艺等，其中不乏有价值的民俗文化和民间艺术，在这些具有特色文化资源的村庄，挖掘、保护和合理利用优秀的传统文化资源，开展展示活动和申报建立特色文化村活动，对丰富农民的精神生活、繁荣农村文化、展示新农村农民新形象、增强农村凝聚力和提高农民自信心，有着积极的意义。

提起大秧歌，那可是家喻户晓。男女老少，哪一个不能扭上一段？每当夜幕降临之际，小镇的广场上便响起了咚咚的锣鼓声和优美的唢呐声，这声音像一种号令，一会儿，人们便陆陆续续地来到广场上。他们有的手中拿着扇子和手绢，有的携着妻子和儿女，广场上变得热闹非凡。

大秧歌扭起来了。虽然队伍中多是老年人，可脚步轻盈，姿态优美，动作极为协调。尤其是手中的扇子和手绢，舞弄得出神入化，尽情地挥洒着内心的喜悦和幸福。一些青年人和小孩子，心里也有些发痒，不时地加入秧歌队伍。一条条彩色的“长龙”在不断加长。队伍的四周围满了观众，他们一边欣赏，一边唠着家常，自在悠闲。吹唢呐的人不时变换曲调，秧歌队形和动作也随之变化，这样喧嚣的场景一直持续到夜深才结束。

大秧歌，不仅是人们每日的精神大餐，也是节日庆典不可缺少的节目。每到这个时候，秧歌手们便身着盛装，那些孩子们喜欢的“大头娃娃”“唐僧、孙悟空、猪八戒、沙僧”等也粉墨登场，为节日增添无尽的喜庆。

秧歌流行我国北方汉族地区，主要于农历正月十五元宵节时在广场上表演，是一种集歌、舞、戏为一体的综合艺术形式。

秧歌舞表演起来，生动活泼，形式多样，多姿多彩，红火热闹，规模宏大，气氛热烈，闹得热火朝天。每逢重大节日，例如新年等，城乡都组织队，拜年问好，互相祝福、娱乐。另外，不同的村邻之间还会扭起秧歌互相访拜，比歌赛舞，可见扭秧歌对农民来说是多么的重要。秧歌是我国农村流行的一种民间舞蹈。它在色彩的运用上，体现了鲜明的民族风格。扭秧歌时人们所穿的服装色彩对比强烈，红蓝黄绿，五彩缤纷。大家在锣鼓的伴奏声中，边歌边舞，以此抒发愉悦的心情，表达对美好生活的憧憬。飘舞的红绸映着灿烂的笑脸，成为一道亮丽的风景线。

这一切促使扭秧歌成为大型群众性娱乐、欢庆、宣传的主要形式。因为秧歌内容包含量大，多姿多彩，形式多样又富于变化；再加上扭秧歌舞蹈动态丰富，使看秧歌的人也心花怒放，豪情倍增，因而深受广大观众的欢迎，是人民喜闻乐见的艺术形式，这也给广大民众带来了快活和欢乐，是舒缓身心疲倦的好方法。

拓展阅读

[东北秧歌]

东北地区的民间舞蹈有秧歌、龙灯、旱船、扑蝴蝶、二人摔跤、打花棍、踩高跷等，多在一起配合演出，统称为“秧歌”。秧歌旋律流畅，节奏欢快简洁，其红红火火的场面、丰富的舞蹈语汇、情趣盎然的姿态和灵动活泼的表演风格，历来深受人们的喜爱。

东北秧歌有悠久的历史，是北方劳动人民长期创造积累的艺术财富，它起源于插秧耕田的劳动生活，又和古代祭祀农神祈求丰收，祈福禳灾时所唱的颂歌、禳歌有关，并在发展过程中不断吸收农歌、菱歌、民间武术、杂技以及戏曲的技艺与形式，从而由一般的演唱秧歌发展到今天广大群众喜闻乐见的一种民间歌舞。

今天的东北秧歌内容诙谐，风格独特，广袤的黑土地赋予它纯朴而豪放的灵性和风情，融泼辣、幽默、文静、稳重于一体，将东北人民热情质朴、刚柔并济的性格特征挥洒得淋漓尽致。稳中浪、浪中梗、梗中翘，踩在板上，扭在腰上，是东北秧歌的最大特点。同时，花样繁多的“手中花”，节奏明快富有弹性的鼓点，哏、俏、幽、稳、美的韵律，都是东北秧歌的特色。

每逢重大节日，人们就会自发地组织秧歌表演和比赛。秧歌队的服装色彩丰富艳丽，多以戏剧服装为主。从装束上即可判断人物角色，有《西游记》中的唐僧、孙悟空、猪八戒和沙僧，《白蛇传》中的白娘子、许仙，其他艺术形象还有包拯、陈世美、秦香莲等，纷纷伴着锣、鼓、镲、唢呐奏出的热烈而欢快、谐趣而颠浪的曲调轻快上路。各种舞蹈中尤以踩高跷、舞龙、舞狮、跑旱船最为著名，这些舞蹈生动活泼，技巧高，造型美，深受群众喜爱。

[华北秧歌]

关于华北秧歌，李炳卫等《民社北平指南》所记北京“鞅哥会”：“全班角色皆彩扮成戏，并踩高跷，超出人群之上。其中角色更分十部：陀头和尚、傻公子、老作子、小二格、柴翁、渔翁、卖膏药、渔婆、俊锣、丑鼓。以上十部，因锣鼓作对，共为十二单个组成。各角色滑稽逗笑，鼓舞合奏，极尽贡献艺术之天职。”显然，北京的秧歌与辽宁更相近些。所谓“傻公子”，即东北秧歌中的“沙公子”，或即《沧县志》中的“公子”；沧县没有的“卖膏药”，东北和北京都有。

[高平秧歌]

高平秧歌渊源于高平市东南乡，流行于高平全境及晋城、陵川等邻近县份。演唱时只有梆子击节、锣鼓伴奏，故又称“干板秧歌”。由坐摊说唱发展为一个独立剧种。演员行当齐全，板式有十字腔（三三四）、夹四腔（三四三）、倒板、垛子、双名倒（三三七）、站板、落板、数板、选板等。演唱内容多属诙谐风趣的民间生活故事，代表剧目有《打捧捶》、《打酸枣》。秧歌剧针砭时弊，很受群众喜爱。清同治六年官府虽明令禁唱，但演出活动愈加兴盛。著名作家赵树理十分喜爱秧歌剧，20 世纪 60 年代曾编写秧歌剧本《开渠》。

[西北秧歌]

西北地区的秧歌表演，有所谓“白髯、花面、红缨帽，白皮短褂反穿，手执伞灯领队”者，相当于东北秧歌中“反穿皮褂”的前导者、华北秧歌中“长袍短褂、皂靴羽缨、持红罗伞者”。所谓“浪子”与“娼妓”，大概相当于华北秧歌中的“公子”和“美女”。他们“且歌且舞”，互相调笑，并且演出具有简单情节的小戏，借以引起观众的注目。

[伞头秧歌]

在晋西和陕北，流行着一种“伞头秧歌”，秧歌队中有一举足轻重的歌手，左手摇响环，右手执花伞，俗称伞头。

是一支秧歌队的统领，其主要职责是指挥全局、编派节目，带领秧歌队排街、走院、掏场子，并代表秧歌队即兴编唱秧歌答谢致意。

［陕西秧歌］

陕北地区把灯节活动称作“闹秧歌”，各村的秧歌队在一名持伞的“伞头”带领下，和着锣鼓声的节拍起舞，跑“大场”（群舞）、演“小场”（双人、三人舞），并且到各家表演，以此贺新春，祈丰年。领舞的伞头要善于领唱传统的歌词以及因地制宜即兴编唱新词，以适应不同场合的需要。一般是先唱后舞，演唱时，众队员重复他所唱的最后一句，形式简便，生动热闹。灯节期间，当地还要设置名为“九曲黄河灯”（俗称“转九曲”）的灯阵，群众随着秧歌队进入其内，观赏各种秧歌表演，此活动具有消灾驱邪的含义。

陕西榆林保宁堡乡和米脂县郭辛庄的老秧歌，称“神会秧歌”。每年春节活动前，秧歌队在神会会长率领下进行敬神谒庙，第二天才开始挨户依门的进院入户拜年，群众称为“沿门子”，以求消灾免难、吉祥平安。显然，“沿门子”就是沿门逐疫活动。

四、舞蹈

广场舞

1. 原生态广场舞蹈　原生态广场舞蹈是中国文化瑰宝，历史最悠久，文化内涵最多，也是创作舞蹈的基础。这种在广场舞中占主体，数量最多。主要分布在乡村，包括汉民族和少数民族。这种表演形式一般都在正月十五闹红火出现，群众自发表演为主体，这只是指汉民族。少数民族会体现在生活的方方面面。但汉民族广场舞蹈形式广泛，种类众多，是我国广场舞的主体。如：在广场艺术节中的朔州《踢鼓子秧歌》。

2. 加工整理的广场民间舞蹈　这种是在原生态舞蹈的基础上加以整理有所创新的广场舞蹈。这种广场舞历史不长，从延安新秧歌运动算起，有 60 多年的历史。但这种广场舞蹈既保留了原生态最精华的东西又赋予了舞蹈新的时代感。能与当代文化同步成为使人民群众容易接受的艺术品。这也是广场舞蹈中最难做好的广场舞，因为旧和新不好融合，创作难度大，但出现的精品较多。如在山西省广场文化艺术节中出现的运城《高台花鼓》、柳林县的《盛世华章》、忻州原平的《风秧歌》、绛州的《鼓舞》等。

3. 创作的新广场舞蹈 这种广场舞内容丰富，形式很多。当然在创作中决不能离开广场舞蹈的特征。创作广场舞可以利用各种舞蹈种类。比如，可以利用民间舞素材创作一个全新的广场舞。如在山西省广场文化艺术节中的晋城快板舞蹈《夸晋城》，第四届山西省广场艺术节中太原市北城少年宫用芭蕾创作的少儿舞蹈《花儿朵朵》。再如第三届山西省广场文化艺术节中用中国舞创编的《潞安鼓书》，第四届广场文化艺术节的开场、尾声等。创作新广场舞比较容易，因为不受传统的条条框框所限制。可以创作全新的音乐，全新的舞蹈，编导可自由发挥。当然离不开广场舞蹈本身的特点。但创作广场舞蹈很难成为精品，因为没有传统舞蹈的基石，全靠编导的创作功力和眼光。不过，创作新的广场舞蹈对传统民间广场舞蹈有着很好的推动作用。比如，20 世纪 90 年代初就出现过百人《元宵夜》、百人《担鲜藕》、百人《回娘家》。这对传统民间广场舞蹈有着推动和借鉴的作用。创作新广场舞蹈好普及，可因人而创作。如北京《新秧歌》就有着很好普及作用，老少皆宜。

4. 踏歌广场舞蹈 这种广场舞是最近几年兴起的一种中老年喜爱的流行广场舞蹈。踏歌广场舞的全称是：紫蝶踏歌广场舞，又称紫蝶广场舞，踏歌广场舞。随着音乐高低音节奏而有序踏出舞步。是一套广泛流行于网络、民间的广场健身舞蹈。踏歌广场舞，简洁明快、舒缓柔美，特别适合中老年人群做健身、娱乐活动。踏歌广场舞蹈一般有：快三、中三、慢三、快四、中四、慢四。主要节目有：《秋风无情》《哥哥妹妹》《凤凰姑娘》《月光》《我的渴望》《为你等待》《红雨伞》等。

5. 即兴广场舞 即兴舞是广场舞的一种。“即兴舞”是现代民间兴起的一种舞蹈，没有正规的策划和编排。带有随兴而舞，随机而舞的意识和思想内涵，是一种不受时间、空间、主题、意义等限制的自由舞蹈。即兴广场舞不要求动作统一，不需要练习成套动作，追求差异美。只要有音乐，人人可跳，随到随跳。适应人群极广，任何一个人，随时都可以到场和离场，是真正意义上的全民健身运动。

五、地方戏

地方戏流行于一定地区，具有地方特色的戏曲剧种的通称。如黄梅戏、越剧、淮剧、秦腔、川剧、沪剧，是同流行全国的剧种（如京剧）相对的。“地方戏”作为传统文化表现形式，是指凝结着某一地域的民风习俗、从而为那一地域的大众喜闻乐见的演剧形式。一方面，地方戏是我国非物质文化遗产的重要组成部分；另一方面，地方戏又具有不同于其他非物质文化遗产的特殊性。这是因为，地方戏是“活态”的传统文化表现形式，它既传承着一定的历史文化传统，又期待着在时代精神的表现中实现文化传统的创造性转换。

中国的戏曲有着悠久的历史，是世界上一种独特的戏剧艺术。由于中国地域辽阔，民族众多，各地的方言不同，除京剧外，还形成了丰富多彩的地方戏，据统计，中国的地方戏遍及全国各地，有 300 多种，可以称得上世界之最，其中影响比较大的有豫剧、越剧、黄梅戏、评剧、曲剧、粤剧、淮剧等。

1. 豫剧　豫剧又名河南梆子、河南高调，豫剧诞生在七朝古都，东京汴梁城开封。起源于明朝中后期，近 400 多年的历史。目前除河南外，山东、江苏、安徽、山西、河北、湖北、北京、陕西、四川、甘肃、青海、宁夏、新疆、我国台湾等省、自治区都有专业豫剧团分布，是 21 世纪后拥有专业戏曲团体和从业人员数量最多的剧种。是中国最大的地方剧种。从全国 300 多个戏曲剧种中脱颖而出，与京剧、越剧同为中国戏曲三鼎甲（豫剧为榜眼）。豫剧的声腔，有的高亢活泼，有的悲凉缠绵，能够表演各种风格的剧目，传统剧目有 1 000 多出，已经发展成为具有全国影响的剧种。著名演员有陈素真、马金凤、常香玉、牛得草、阎立品等，代表剧目有《穆桂英挂帅》《红娘》《抬花轿》《春秋配》《七品芝麻官》《花木兰》《朝阳沟》《程缨救孤》等。

豫剧《三国演义》（常香玉饰周瑜）

2. 越剧　越剧发源于古越国所在地浙江绍兴地区，是浙江省的主要地方戏，流行在浙江、上海、江苏、江西、安徽等地区。从全国 300 多个戏曲剧种中脱颖而出，与京剧、豫剧同为中国戏曲三鼎甲（越剧为探花）。越剧形成于清朝末年，最

越剧《西厢记》（尹桂芳饰张生）

初全部由男演员演出，20 世纪 30 年代又发展成全部由女演员演出。越剧唱腔委婉、表演细腻抒情优美，已经成为仅次于京剧的一个大剧种。著名演员有袁雪芬、王文娟、徐玉兰等，代表剧目有《红楼梦》《梁山伯与祝英台》等。

黄梅戏（严凤英饰七仙女）

3. 黄梅戏 黄梅戏是安徽省的地方戏之一，旧时称为黄梅调，主要流行于安徽及江西、湖北的部分地区。黄梅戏起源于湖北黄梅的采茶歌，传入安徽安庆地区后，又吸收了当地的民间音乐，发展形成了这个剧种。黄梅戏载歌载舞，唱腔委婉动听，表演朴实优美，生活气息浓厚，受到了人们普遍的欢迎。著名演员有严凤英、王少舫、马兰等，演出的传统剧目有《天仙配》《女驸马》《牛郎织女》等。

评剧（新凤霞饰刘巧儿）

4. 评剧 发源于河北唐山，是流行于北京、天津和华北、东北各地的地方戏。它最初是在河北民间说唱“莲花落”的基础上发展起来的，又先后吸收了其他剧种和民间说唱的音乐和表演形式，于清朝末年形成了评剧。评剧具有活泼、自由、生活气息浓郁的特点，擅长表演现代生活。著名演员有小白玉霜、新凤霞等，代表剧目有《秦香莲》《小女婿》《刘巧儿》等。

5. 沪剧 沪剧是上海的地方戏曲剧种，属吴语地区滩簧系统；沪剧源出“小山歌”。为与同在上海演唱的苏滩、甬滩等其他滩簧相区别，故称本地滩簧、申滩时调，简称“本滩”。1914 年，邵文滨、施兰亭、丁少兰等发起组织“振新集”，从事本滩改良，并改名为“申曲”。1941 年，“上海沪剧社”成立，开始把申曲改称为“沪剧”。优秀剧目有《罗汉钱》《芦荡火种》《一个明星的遭遇》等。

6. 粤剧 粤剧是广东省的主要剧种，主要流行于广东、广西和闽南一带。居住在东南亚、美洲、欧洲和大洋洲的华侨、华人及港澳同胞也十分喜爱粤剧。明清时代，中国的许多剧种流传到了广东，这些剧种的声腔与广东音乐、民间曲调相结合，逐渐形成了一个新的剧种——粤剧。

粤剧用广东方言演唱，形成了自己独特的风格。著名演员有红线女、马师曾等，代表剧目有《搜书院》《关汉卿》等。

芳华保留剧目《玉蜻蜓》

7. 淮剧　淮剧又称江淮戏，流行于江苏、上海和安徽部分地区。淮剧语言是以今建湖县的方言为基调，经过戏曲化而形成的一种舞台语言。清代中叶，在江苏盐阜（盐城和阜宁）、清淮宝（淮安和宝应）一带流行着一种由家民号子和田歌雷雷腔、栽秧调发展而成的说唱形式门叹词，形式为一人单唱或二人对唱，仅以竹板击节。后与苏北民间酬神的香火戏结合，称为江北小戏。之后，又受徽剧和京剧的影响，在唱腔、表演和剧目等方面逐渐丰富，形成淮剧。旧时淮剧大戏有“九莲十三英七十二记”，代表作有上淮的《金龙与蜉蝣》《八女投江》《千古韩非》《哑女告状》《恩仇记》《九件衣》《牙痕记》《孟丽君》《蓝齐格格》《柜中缘》《奇婚记》《一江春水向东流》《十品村官》《太阳花》《诺言》等。

淮剧代表作之《牙痕记》

8. 河北梆子　河北梆子初名“直隶梆子”，后直隶省改称河北省，始改今名。它起源于陕西秦腔的梆子系统。大约在清代中叶以后，由山西蒲州梆子流入河北逐渐演变而成。清末曾在北京盛极一时。后来梆子和皮黄曾同台演出，互相交流、吸收，使梆子在艺术上日趋完整。北京的直隶梆子吸收皮黄精华之后，又称“京梆子”。辛亥革命后，许多出色的梆子女演员不断涌现，给梆子剧种带来了新生面，使其唱腔音乐发生了较大变化。

河北梆子流行时，在我国华北和东北地区，尤其是在河北中、北部及京、津地区最为群众喜闻乐见。河北梆子的唱腔高亢激昂、刚劲挺拔，主要有慢板、二六、流水、尖板、哭板、反调等板式，还有近百支用于舞台伴奏的曲牌。

9. 晋剧 晋剧是汉族地方戏曲，山西四大梆子剧种之一，又名山西梆子。因产生于山西中部，故又称中路梆子，也称为“中戏”，外省称之为山西路梆子，主要流行于山西中、北部及陕西、内蒙古和河北的部分地区。有上路调和下路调之分，上路调为北路梆子，下路调为中路梆子。民国以后中路梆子兴盛，遂以山西梆子专指中路梆子，新中国成立后则称晋剧。清末民初的近百年间是晋剧的发展时期，当时班社众多，人才辈出，尤其是以丁果仙为代表的第一代女演员出现之后，晋剧艺术提升到了一个新的阶段。晋剧传统剧目丰富，经常上演的有二百多出，包括《渭水河》《打金枝》《临潼山》《乾坤带》《沙陀国》《战宛城》《白水滩》《金水桥》《火焰驹》《梵王宫》《双锁山》等。每一部戏无不表现出独有的特点。

晋 剧

主要参考文献

彩英 . 2010. 山西省首批特色文化村［EB/OL］.［2013-10-5］. http://www. sxxncw. cn.

陈晓平 . 2013. 忻州 500 名志愿者要让五台山景更美［N］. 山西青年报，2013-07-17.

高铁 . 2010. 音乐欣赏［M］. 北京：高等教育出版社 .

黄永林 . 2006. 要重视民间文化在新农村文化建设中的作用［N/OL］. 光明日报，［2013-10-21］. http://www. gmw. cn/01gmrb/2006-05/15/content _ 416721. htm.

黄永林 . 2012. 试谈我国合唱音乐的发展及时代意义［EB/OL］．［2013-10-20］. http://wenku. baidu. com.

孔繁洲 . 2009. 音乐素质教育手册［M］. 北京：中国文联出版社 .

孙从音 . 2010. 合唱艺术手册［M］. 上海：上海音乐出版社 .

王建勋，王卫民 . 2010. 高职体育与健康教程［M］. 北京：教育科学出版社 .

杨光白 . 2012. 新农村文化建设中民族音乐乡土人才资源开发探讨［EB/OL］. 期刊网，［2013-10-16］. http://www. chinaqking. com/yc/2012/203647. html.

张旭 . 2011. 音乐欣赏［M］. 重庆：重庆大学出版社 .

张旭俊 . 2011. 山西“村镇深度休闲游”日渐走俏［N］. 山西市场导报，11-22.

张志强 . 2012. 体育文化对现代人生活方式的影响［J］. 山西高等学校社会科学报 .

郑厚成 . 2008. 体育与健康［M］. 北京：教育科学出版社 .

图书在版编目（CIP）数据

新农村文化建设/孙惠芳主编．—北京：中国农业出版社，2017.8（2019.7重印）
新型职业农民示范培训教材
ISBN 978-7-109-23008-8

Ⅰ.①新…　Ⅱ.①孙…　Ⅲ.①农村文化－建设－中国－教材　Ⅳ.①G12

中国版本图书馆CIP数据核字（2017）第135980号

中国农业出版社出版
（北京市朝阳区麦子店街18号楼）
（邮政编码100125）
责任编辑　郭晨茜　诸复祈

北京万友印刷有限公司印刷　　新华书店北京发行所发行
2017年8月第1版　　2019年7月北京第3次印刷

开本：720mm×960mm 1/16　　印张：9.75
字数：170千字
定价：25.50元